Dirk Heißerer

—

Thomas Manns Zauberberg

Das Manuskript des Romans *Der Zauberberg* (1201 Blatt) auf Thomas Manns Schreibtisch im Arbeitszimmer des Münchener Hauses an der Poschingerstraße 1, um 1932. Das Konvolut wurde in München nach 1933 von dem Rechtsanwalt Valentin Heins in dessen Kanzlei an der Weinstraße 8/IV verwahrt und ist dort bei einem Bombenangriff am 12. Juni 1944 zusammen mit anderen Manuskripten Thomas Manns verbrannt. Zwischen 1925 und 1927 wurden jedoch sieben Manuskriptblätter des *Zauberberg* faksimiliert, – sie werden im vorliegenden Band wiedergegeben. Foto: ETH-Bibliothek Zürich, Thomas-Mann-Archiv. Fotograf: Unbekannt / TMA_4356.

Dirk Heißerer

# Thomas Manns Zauberberg

## Einstieg, Etappen, Ausblick

Königshausen & Neumann

Durchgesehene, aktualisierte und ergänzte Neuausgabe des erstmals 2000 im Piper Verlag München erschienenen Bandes der Reihe »Meisterwerke kurz und bündig« (Hg. Olaf Benzinger †).

*Bibliografische Information der Deutschen Nationalbibliothek*

Die Deutsche Nationalbibliothek verzeichnet diese Publikation in der Deutschen Nationalbibliografie; detaillierte bibliografische Daten sind im Internet über http://dnb.d-nb.de abrufbar.

**Vierte, durchgesehene und erweiterte Auflage**


Gedruckt auf säurefreiem, alterungsbeständigem Papier
Umschlag: skh-softics / coverart
Umschlagabbildung: Thomas Mann auf einem Winterspaziergang in St. Moritz, Februar 1932.
Fotopostkarte. ETH-Bibliothek Zürich, Thomas-Mann-Archiv / Fotograf: Unbekannt / TMA_0246
Bindung: docupoint GmbH, Magdeburg

Printed in Germany
ISBN 978-3-8260-6590-3
www.koenigshausen-neumann.de
www.libri.de
www.buchhandel.de
www.buchkatalog.de

# Inhalt

**Ausblick**



**Anhang**

# Annäherung

Auf der Landkarte des Geistes erhebt sich *Der Zauberberg* als beachtliches Massiv. Er scheint auf den ersten Blick leicht zugänglich; das Buch ist seit 1924 in mittlerweile sagenhafter Auflagenhöhe erreichbar. An seinem Hauptschauplatz in den Graubündener Alpen, dem ehemaligen Luftkurort Davos, fanden lange Zeit sogar Literaturtage statt wie das *Zauberberg*-Symposion 1994 und Vortragsreihen wie »Auf dem Weg zum Zauberberg« (1996) und »Literatur und Krankheit« (2000). Dazu werden neuerdings Ortsbesichtigungen angeboten, die zu den Schauplätzen des Romans führen.

Zahllose Leser haben den *Zauberberg* bislang lesend erklommen, sich auch in seinem Inneren umgesehen und den Weg zum Originalschauplatz auf sich genommen. Viele andere aber sind verzagt wieder umgekehrt und haben den Roman entmutigt zugeklappt. Das umfangreiche und thematisch komplexe Buch mag auf den ersten Blick einschüchternd wirken, – wenn dann aber noch das nebenan entstandene zweite Massiv aus Sekundärliteratur am Horizont auftaucht, können nicht nur Schülerehrgeiz und studentischer Forscherdrang bis zur Lähmung gebremst werden.

Das vorliegende Buch will daher Hilfestellungen geben; einige Haken sollen in den Felsen dieses Zauberbergs eingeschlagen und Seile gespannt werden. Festes Schuhwerk und etwas Ausdauer muss der Leser – wie bei jeder Bergtour – natürlich selbst mitbringen. Dabei handelt es sich, wie Thomas Mann in einem Brief an Josef Ponten aus München vom 10. Januar 1925 erklärt hat, »(...) eigentlich um ein Eindringen in den Berg, nicht um eine Gipfel-Forcierung. Das Bild ist dem Tannhäuser oder dieser Sphäre entlehnt. Bergverzauberung. Es wird fast regelmäßig falsch gebraucht.« (*Thomas-Mann-Studien,* Bd. 8, S. 53) So oder so – seine Aufgabe hat das Buch erfüllt, wenn es die primäre Lektüre des Originaltextes anregt oder diese erleichtert und unterstützt.

Ein wenig wird unser Unternehmen übrigens aus dem Buch selbst legitimiert. Im Abschnitt »Enzyklopädie« des Fünften Kapitels erklärt der italienische Humanist Lodovico Settembrini seinem Leidensgenossen und Schützling Hans Castorp, dass er an einer auf 20 Lexikonbände angelegten »Soziologischen Pathologie«, also einer Lehre aller »menschlichen Leidensfälle« mitarbeite. Er solle dabei den Band zur Literatur verfassen, worin, »den Leidenden zu Trost und Belehrung, eine Zusammenstellung und kurzgefaßte Analyse aller für jeden einzelnen Konflikt in Betracht kommenden Meisterwerke der Weltliteratur enthalten« sein solle (5.1, 373f.). Da Thomas Mann damit ein eigenes altes Projekt wieder aufnahm, eine »Psychologie des Leidenden« (21, S. 64), die er bereits Ende 1895, als Zwanzigjähriger, entworfen hatte, ist es nur billig, den *Zauberberg* auf diese Weise kurzgefasst vorzustellen.

Tobi Reiser: Die Fahrt auf den Zauberberg. Karikatur auf den großen Verkaufserfolg des Romans.
Abb. in: Albert Soergel: Dichtung und Dichter der Zeit. Eine Schilderung der deutschen Literatur der letzten Jahrzehnte. Leipzig 1928, S. 862.

## Vorbereitung zur Expedition

Einer der ersten, der die in seinem Buch enthaltenen Möglichkeiten anfangs unterschätzte, war der Autor selbst. Das hatte schon Tradition. Bereits sein erster Roman *Buddenbrooks* (1901) sollte nur eine kleine Novelle werden und wuchs sich stattdessen zu einem zweibändigen Wälzer aus. Mit dem Novellenband *Der kleine Herr*

*Friedemann* hatte Thomas Mann 1898 debütiert. Sein Berliner Verleger Samuel Fischer war von dem Büchlein so angetan, dass er den 23-jährigen Autor um einen Roman bat. Unter dem Arbeitstitel »Abwärts« entwickelte Thomas Mann aus der Novelle um den sensitiven Spätling Hanno Buddenbrook die Geschichte vom »Verfall einer Familie« über vier Generationen. Das Thema lag im Trend der Dekadenz, der Verfeinerung und Erweiterung künstlerischer Wahrnehmung im westlichen Europa um 1900.

Angelehnt an die eigene Familiengeschichte in der Hansestadt Lübeck und die Auflösung der hundertjährigen Getreidefirma nach dem Tod des Vaters, des Finanzsenators Thomas Heinrich Mann, entstand dabei nicht nur ein Schlüsselroman, der in Lübeck anfangs zunächst alles andere als gut aufgenommen wurde, sondern vielmehr, in des Autors eigenen Worten, »die Seelengeschichte des deutschen Bürgertums« (XI, S. 383).

*Buddenbrooks* wurden im Sommer 1900 in München fertig, wohin der junge Autor, nach einem anderthalbjährigen Italienaufenthalt mit dem Bruder Heinrich, im April 1898 zurückgekommen war. In München lebte seit 1892 seine Mutter, die Senatorswitwe Julia Mann, mit den Töchtern Julia und Carla sowie dem jüngsten Sohn Viktor, der seine 15 und 19 Jahre älteren Brüder Thomas und Heinrich nur »Onkel Ommo« und »Onkel Heini« nannte. So nachzulesen in dem für die ersten Münchener Jahre der Familie Mann unverzichtbaren Buch Viktor Manns *Wir waren fünf* (1949).

*Buddenbrooks, Verfall einer Familie* erschien 1901 in zwei Bänden, die sich anfangs nicht gut verkauften; erst als die beiden Bände 1903 in einen zusammengefasst und günstiger angeboten wurden, begannen, so Thomas Mann in dem Vortrag »On Myself« (1940) »die Auflagen einander zu jagen. Es war der Ruhm ...« (XIII, S. 141).

Für *Buddenbrooks* erhielt Thomas Mann 1929 den Nobelpreis für Literatur. Es kam also in der Regel etwas Besonderes zustande, wenn Thomas Mann eine Novelle unterschätzte. Beim *Zauberberg* war das ganz ähnlich.

## Zwei Novellen als Übungshügel: »Tristan« und »Tonio Kröger«

Dem ersten Roman folgte der zweite Novellenband *Tristan* (1903), dessen Titelgeschichte vor dem Hintergrund des Reformsanatoriums Hartungen in Riva am Gardasee spielt. Thomas Mann kannte diese von 1888 bis 1914 erfolgreiche Einrichtung durch die Berichte seines Bruders Heinrich sowie durch dessen Erzählung »Doktor Biebers Versuchung« (1898) und konnte seine Novelle schon vor dem ersten eigenen Besuch des Sanatoriums Hartungen Anfang Juni 1901 entsprechend anschaulich gestalten.

In einer Art Vorstudie zum *Zauberberg* stellt die Novelle kuriose Typen mit Hintersinn vor. Im Sanatorium »Einfried« begegnet der dekadente Schriftsteller Detlev Spinell der vermeintlich nur an der Luftröhre erkrankten Gattin Gabriele des »Großkaufmanns« Klöterjahn. Sie nähern sich einander an, und eines Nachmittags, als sie allein im Hause sind, spielt Gabriele, die das sichtlich mitnimmt, dem Dichter auf dem Klavier Auszüge aus Wagners Liebesoper *Tristan und Isolde* (1859) vor.

Spinell schreibt daraufhin dem Gatten einen Brief, worin er ihm sein schwärmerisches Bild Gabrieles schildert. Aufgebracht und wütend reist der Kaufmann an und kanzelt den Dichter in dessen Zimmer kurzerhand ab, unterbrochen von dem Hilferuf, der ihn zu seiner Frau eilen lässt. Die verdeckte Tuberkulose ist ausgebrochen, Gabriele stirbt, Spinell geht »von dannen« (2.1, S. 371).

Der Novellenband *Tristan* enthielt als Abschluss die von Thomas Mann zeitlebens besonders geschätzte Künstlernovelle *Tonio Kröger*, die Mustergeschichte für den eigenen Lebenskonflikt zwischen (romanischem) Künstler und (nordischem) Bürger. Auf diese Novelle kommt er 1939 in seiner »Einführung in den Zauberberg« vor Studenten der Universität Princeton geradezu bekenntnishaft zu sprechen. Nachdem er erklärt hat, dass die Musik »von jeher stark stilbildend« in seine Arbeit hineingewirkt habe, fährt er fort:

»Der Roman war mir immer eine Symphonie, ein Werk der Kontrapunktik, ein Themengewebe, worin die Ideen die Rolle musikalischer Motive spielen. Man hat wohl gelegentlich – ich selbst habe das getan – auf den Einfluß hingewiesen, den die Kunst Richard Wagners auf meine Produktion ausgeübt hat. Ich verleugne diesen Einfluß gewiß nicht, und besonders folgte ich Wagner auch in der Benützung des Leitmotives, das ich in die Erzählung übertrug (...). Hierin versuchte ich mich zunächst im ›Tonio Kröger‹. Die Technik, die ich dort übte, ist im ›Zauberberg‹ in einem viel weiteren Rahmen auf die komplizierteste und alles durchdringende Art angewandt.« (XI, S. 611)

Dieser Erklärung geht übrigens die Aufforderung des Autors voraus, seinen Roman zweimal lesen zu wollen, um so erst »den musikalisch-ideellen Beziehungskomplex, den er bildet, erst richtig durchschauen und genießen« zu können. Was sind das für seltsame Ratschläge? Das schwierige, kaum auf Anhieb lesbare Buch gleich zweimal lesen, und zum Aufwärmen winken noch »Tristan« und »Tonio Kröger« herüber? Sind das nicht Zumutungen? Geht es nicht kürzer, direkter? Offenbar leider nicht.

## Sitzübung

Im Sommer 1907 verbringt Thomas Mann die Sommerferien mit seiner 24-jährigen Ehefrau Katia und den beiden zwei- und einjährigen Kindern Erika und Klaus am Starnberger See in der Seeshaupter Villa Hirth (heute Haus Eberle). Vor zwei Jahren hat er die Tochter des Mathematikprofessors Alfred Pringsheim aus dem noblen Palais am Münchener Königsplatz geheiratet und sich gesellschaftlich etabliert. Jetzt sitzt der 32-jährige Ehemann und Autor am See und kommt mit seinem Roman, seiner »Musik«, wie er sie nennt, nicht weiter. Seine quälend langsame Arbeitsweise schildert er aus dem Ferienhaus in einer ausführlichen »Mitteilung an die literaturhistorische Gesellschaft in Bonn«. Erst nach vierjährigem zähem Ringen erscheint 1909 der Gesellschafts- und Eheroman *Königliche Hoheit.*

Noch im selben Jahr kommt der zweite Sohn Golo zur Welt, im Jahr darauf die zweite Tochter Monika. Die junge Mutter ist den Anstrengungen nicht recht gewachsen, sie erkrankt an einem »Lungenspitzenkatarrh«, einer Form der Tuberkulose, und muss immer wieder Sanatorien zur Kur aufsuchen.

### Tuberkulose und Liegekur

Die Tuberkulose ist eine von Tuberkelbakterien hervorgerufene ansteckende Infektionskrankheit, die alle Organe des Körpers befallen kann. Benannt ist sie nach den Tuberkeln, kleinen Knötchen oder Geschwulsten, die beim Menschen meist in den Lungen und am Kehlkopf entstehen. Schon im Altertum wurde vermutet, dass die Tuberkulose ansteckend sei. Die Krankheit wurde erst »Consumptio«, »Scropheln« und »swinender Siechtag« genannt, bevor sie 1830 von Johann Lucas Schoenlein ihren heutigen Namen bekam. Den Tuberkelbazillus isolierte Robert Koch 1882.

Dieser Bazillus zeigt sich zwar gegen hohe Temperaturen resistent, verträgt aber kein Sonnenlicht. Deshalb wurden seit etwa 1880 Lungenheilstätten in klimatisch begünstigter Lage eingerichtet. Therapieform war vor allem, neben einer entsprechenden Ernährung und chirurgischen Maßnahmen, die zeitaufwendige Liegekur, die mindestens drei Monate dauerte. Das konnte sich nicht jeder leisten. Wegen der schlechten Lebens- und Wohnbedingungen in den aufstrebenden Großstädten des 19. Jahrhunderts war die Tuberkulose dort eine gefürchtete und ausweglose »Krankheit der armen Leute«. Die bessergestellten Patienten konnten sich dagegen längere Aufenthalte in den teuren Schweizer Sanatorien von Davos und Arosa leisten.

Tuberkulose war eine regelrechte Volkskrankheit mit langem Siechtum. In Deutschland gab es 1920 fast 170 Sanatorien mit 70000 Betten. Die Entdeckung des Streptomycins als Antibiotikum gegen den Tuberkelbazillus durch Selman Waksman 1944 bedeutete das Ende der Lungensanatorien. Tuberkulose galt lange als besiegt; in jüngster Zeit (seit 1989) nahmen die Krankheitsfälle im westlichen Europa wieder zu. In Davos sind dagegen die letzten Sanatorien aus der Zeit des *Zauberberg* inzwischen geschlossen worden.

## Lebensreise und Todesfahrt

Immerhin stehen die Mittel bereit, ein Landhaus in Bad Tölz zu bauen, das der Familie von 1909 bis 1917 zur Erholung dient. Unterdessen verschätzt sich Thomas Mann weiter mit seinen literarischen Plänen. Das nächste Buch verschlingt wieder viel Zeit, wird aber nie fertig. Es sind die als Memoiren ausgegebenen »Bekenntnisse des Hochstaplers Felix Krull«. An dieser Lebensreise eines jungen Mannes, die vom Rheinland nach Lissabon führen und vom Bankrott des Vaters bis Audienz beim König reichen soll, schreibt Thomas Mann zunächst von 1910 bis 1913. Dann unterbricht er die »Hochstapler«-Arbeit für die als »rasch zu erledigende Improvisation und Einschaltung« (XI, S. 123) gedachte Novelle vom *Tod in Venedig*, also vom Tod des 50-jährigen Dichters Gustav von Aschenbach im choleraverseuchten Venedig. Doch die Todesfahrt des Dichters erfordert ein ganzes Jahr, und auch *Felix Krull* gerät dadurch ins Abseits und wird, nach Teilveröffentlichungen 1911 und 1922/23, erst 1951 wieder aufgenommen, bleibt am Ende aber, 1954, als erster von geplanten zwei Teilen Fragment.

## Bergfahrt 1912

Der autobiographische Anlass für die meisten Erzählungen Thomas Manns trifft in besonderer Weise für den *Zauberberg* zu. In seinem für das Nobelpreis-Komitee verfassten »Lebensabriß« (1930) hat er den Sachverhalt so geschildert:

»Im Jahre 1912 war meine Frau an einem Lungenspitzenkatarrh erkrankt und mußte zweimal, in diesem Jahre und aufs neue im übernächsten, eine Reihe von Monaten im Schweizer Hochgebirge verbringen. Im Mai und Juni 1912 verbrachte ich drei Wochen als Hospitant bei ihr in Davos und sammelte (...) jene wunderlichen Milieueindrücke, aus denen die Hörselbergidee zu einer knappen Novelle sich bildete, gedacht wiederum als rasche Einlage in die Schwindlerbekenntnisse [des *Felix Krull*], die durchaus zur Fortsetzung lockten, und als Satyrspiel zu der novellistischen Tragödie der Entwürdigung [*Der Tod in Venedig*], von der ich kam « (XI, S. 125).

Mit dem »Satyrspiel« spielt Thomas Mann auf eine Formulierung Richard Wagners an, der seine Oper *Die Meistersinger zu Nürnberg* in einer *Mitteilung an meine Freunde* (1853) als »heiteres Satyrspiel« zum Tannhäuser bezeichnet hatte.

Die jungen Tuberkulosekranken dort oben in ihrem luxuriösen »Lebens-Ersatz« befangen, binnen kurzem dem »wirklichen, aktiven Leben vollkommenen entfremdet« (XI, S. 605), – das war genau das Thema, das die Hochstapelei des *Felix Krull* und die tragische Ausweglosigkeit seiner beiden Vorgänger Tonio Kröger und Gustav von Aschenbach verbinden konnte.

Anfangs sollte die Novelle »Der verzauberte Berg« heißen und den Hörselberg, also den Hexenplatz und Geisterberg bei Eisenach, mit dem Kurort Davos verbinden. Vom Schreibplan her kein großes Problem: »Ein schlichter Held, ein kurioser Konflikt«, und all das werde »bequem, lustig und auf mäßigem Raum zu machen sein« (ebd.), dachte der Autor und verschätzte sich maßlos. Tatsächlich wuchs sich die kleine Novelle zu einem zweibändigen »Zeitroman« (XI, S. 611) aus und darin zum Roman einer Epoche und einer Gesellschaft, die im »Donnerschlag« des Ersten Weltkriegs auseinanderflog.

## Schreibzeiten

Die kleine Satire, gedacht als eine »nur etwas ausgedehnte short story« (XI, S. 666f.), dehnte sich auch in ihrer Entstehungszeit weiter aus. Vom ersten Plan im Juni 1912 bis zum »FINIS OPERIS« im September 1924 vergingen genau zwölf Jahre. Das sind fünf Jahre mehr als die sieben, die James Joyce für seinen *Ulysses* (1922) aufwenden musste, allerdings auch zwei Jahre weniger als die vierzehn Jahre, die für das Erscheinen von Marcel Prousts siebenbändigem Romanwerk *Auf der Suche nach der verlorenen Zeit* bis 1927 nötig wurden.

Thomas Mann schrieb nicht die ganze Zeit über an dem Roman. Er entstand in zwei, insgesamt sieben Jahre währenden, Abschnitten, von Juli 1913 bis September 1915, und von Mai 1919 bis September 1924. Der Ausbruch des Ersten Weltkriegs brachte die Unterbrechung, die entscheidende thematische Erweiterung und setzte den Schlusspunkt.

Die »sieben Märchenjahre seiner [des Helden Hans Castorp] Verzauberung« (XI, S. 604) entsprechen den sieben Arbeitsjahren seines Autors. Die Verbindungen zwischen den beiden sind so eng, dass der autobiographische Anlass der Geschichte – Thomas Manns Besuch bei seiner Frau Katia in Davos im Mai 1912 – zum Ausgang des Romans wurde. Den Studenten in Princeton erklärte Thomas Mann: »(...) wenn Sie das Kapitel am Anfang des ›Zauberbergs‹ lesen, das ›Ankunft‹ überschrieben ist, wo der Gast Hans Castorp mit seinem kranken Vetter Ziemßen im Restaurant des Sanatoriums zu Abend speist und nicht nur die ersten Kostproben der vorzüglichen Berghof-Küche, sondern auch von der Atmosphäre des Ortes und dem Leben ›bei uns hier oben‹ empfängt, – wenn Sie dieses Kapitel lesen, so haben Sie eine ziemlich genaue Beschreibung unseres Wiedersehens in dieser Sphäre und meiner eigenen wunderlichen Eindrücke von damals« (XI, S. 604). Zu ergänzen wären hier die Tagebuchaufzeichnungen von Katias Mutter Hedwig Pringsheim, die im März 1912 mit ihrer Tochter nach Davos gefahren war, wo Katia im Waldsanatorium von Prof. Jessen für einen halbjährigen Aufenthalt aufgenommen wurde (vgl. Hedwig Pringsheim: Tagebücher, Bd. 5, 1911–1916, hrsg. und kommentiert von Cristina Herbst, Göttingen 2016, S. 183–187).

Beinahe wäre Thomas Mann selbst, wie sein Held, nach einer kurzfristigen Untersuchung auf dem Zauberberg verblieben. Er zog es jedoch vor, aus dem Hochgebirge wieder ins flache Land zurückzufahren und sein Buch zu schreiben. Wie Frau Katia in ihren *Ungeschriebenen Memoiren* (1974) erzählt, profitierte ihr Mann erheblich von den Briefen, die sie ihm vom Zauberberg hinab ins Flachland schrieb; diese Briefe sind jedoch mit dem *Zauberberg*-Manuskript bei einem Bombenangriff auf München im Juni 1944 verloren gegangen. Einen guten Eindruck davon geben im Nachhinein Katia Manns sogenannte »Rehherz«-Briefe an ihren Gatten aus oberbayerischen Kurorten und aus Davos-Clavadel während der zweiten Schreibphase des *Zauberberg* zwischen 1920 und 1924 (vgl. *Thomas-Mann-Schriftenreihe, Fundstücke* Bd. 3, 2016).

Mit der Rückkehr ins Flachland trennten sich somit die Wege von Autor und Held. Was aber entstand denn nun in der ersten Niederschrift des Romans vom Sommer 1913 bis zum Herbst 1915?

### Die erste Lesung

»* **Thomas Mann** war der vierte der von W. Herzog geleiteten Forum=Abende in der Galerie Caspari gewidmet. Der Autor las Bruchstücke aus noch unvollendeten Arbeiten. Zunächst ein Kapitel aus der Novelle ›*Der Zauberberg*‹. Eine nachdenkliche Geschichte mit ironischer Grundstimmung, wie es scheint; spielend in einem Sanatorium für Lungenkranke, mit dem typischen Schicksal zweier junger Leute im Mittelgrund. Dann folgte die kleine Novelle ›*Der Kleiderschrank*‹, eine Art traumhafter Begebenheit, dessen zarter Symbolismus vor Jahren bei einer ersten Vorlesung, wie Mann einleitend erzählte, zu starkem Widerspruch gereizt hatte. Gestern abend wurde die Erzählung mit dem gleichen Anteil und Beifall aufgenommen wie die übrigen Gaben des Dichters.

Den Beschluß bildeten zwei Episoden aus dem Roman ›*Bekenntnisse des Hochstaplers Felix Krull*‹. Diese, wie es den Anschein gewann, sehr groß und breit angelegte Arbeit besitzt wiederum den ironischen Grundton, der den dargestellten Ereignissen und Figuren jene angenehm trockene und sachliche, um nicht zu sagen kosmische Ueberlegenheit sichert. Wie Mann bemerkte, wünscht er seine satirischen Absichten auch der Stilisierung aufzuprägen; und man kann wohl voraussehen, daß auf solchem Wege dem Autor die große Parodie der autobiographischen Erzählung wird gelingen müssen. Die beiden Episoden Operette und Schulkrankheit förderten köstliche Details und bereiteten dem Auditorium ein tiefes Amüsement.

Das zahlreich erschienene Publikum dankte Thomas Mann durch seinen Beifall auch für die wohlangemessene und unpathetische Art der Vorlesung, mit welcher der Autor seine kunstvolle Prosa zur Geltung brachte. / E.«

In: Münchner Neueste Nachrichten, Nr. 67, München, Sonntag, 1.2.1914, Vorabend-Blatt. Die Lesung hatte am 30. Januar 1914 in der Galerie Caspari an der Briennerstraße 52 (heute 12) stattgefunden.

## Erste Tage

Die Zeit vergeht – und sie vergeht nicht. Ein junger Mann aus Hamburg namens Hans Castorp, fast 23 Jahre alt, hat soeben sein Ingenieursexamen bestanden und soll in drei Wochen ein Volontariat bei einer renommierten Schiffswerft antreten. Um diese Zeit sinnvoll zu überbrücken, besucht er seinen tuberkulosekranken Vetter Joachim Ziemßen im Kurort Davos. Als man bei dem Besucher kurz vor seiner Abreise einen Befund in der Lunge feststellt, wird Hans Castorp zum Patienten. Er bleibt, und er bleibt sieben Jahre, von einem Dienstag im August 1907 bis zum Ausbruch des Ersten Weltkriegs am 1. August 1914, einem Samstag. Er ist zuletzt also knapp 30 Jahre alt und damit ein Vertreter eben derjenigen Generation, die im Krieg aufgerieben wird.

Die erzählten sieben Jahre des Romans werden auf sieben Kapitel und 52 Abschnitte (Quersumme sieben!), darunter der »Vorsatz«, verteilt. Aber nicht jedes Kapitel entspricht einem Jahr, ganz im Gegenteil. Die ersten drei Kapitel schildern ausführlich (mit einem Rückblick) den ersten Tag, im vierten Kapitel sind bis zum Abschnitt »Hippe« sechs Tage auf dem Zauberberg vergangen, als Thomas Mann die erste Arbeitsphase im Herbst 1915 unterbricht. Bis dahin sind etwa 160 Druckseiten entstanden, also etwas weniger als ein Sechstel der schließlich insgesamt 1207 Seiten der zweibändigen Erstausgabe von 1924.

## »Gedankendienst mit der Waffe«

Thomas Mann unterbricht seine Arbeit am Roman, als die aktuellen Kriegsereignisse seine Geschichte völlig in Frage stellen. Es geht ihm jetzt nicht mehr darum, nur den kuriosen Totentanz einer moribunden Gesellschaft zu schildern; mit dem Kriegsausbruch ist diese Gesellschaft, ist die ganze Epoche in Frage gestellt. Da der Autor selbst keinen Kriegsdienst leisten muss, nimmt er sich essayistisch des Themas an. Er begrüßt, unterstützt, ja verficht diesen Krieg in verschiedenen Texten. Seine »Gedanken im Kriege« vom November 1914 äußern entschiedenen Abscheu gegenüber der modernden »Welt des Friedens und der cancanierenden Gesinnung« (XIII, S. 532) des Kriegsgegners Frankreich. Gemeint ist damit der vor allem durch Jacques Offenbach bekannte Tanz »geschüttelter Zylinder, schleudernder Knie, aufstiebender Röcke« (5.1, S. 967), der Tanz der belle epoque schlechthin, den erst der 1924 geschriebene berühmte Musik-Abschnitt »Fülle des Wohllauts« im Siebenten Kapitel des *Zauberberg* als »die Ausgelassenheit selbst« (ebd.) zu würdigen wissen wird. Damit führt Thomas Mann selbst anschaulich vor, was er mit der künstlerischen »Überwindung von Dekadenz und Nihilismus« (13.1, S. 220) meint, von der in den *Betrachtungen eines Unpolitischen* (1918) die Rede ist.

Wie eine merkwürdige Vertauschung des Helden Hans Castorp mit dem Alten Fritz wirkt sodann der Aufsatz *Friedrich und die große Koalition. Ein Abriß für den Tag und die Stunde* vom Januar und Februar 1915. Darin wird die Rolle Preußens im Siebenjährigen Krieg (1756–1763) um Schlesien gegen die meisten kontinental-europäischen Mächte mit der aktuellen Rolle des Deutschen Reichs verglichen. Die sieben Jahre gewinnen dabei eine besondere Bedeutung, »diese alte Märchenzahl von Prüfungsjahren«, die für Friedrich freilich etwas mehr bedeutet hätten als »das, was den Prinzen und Müllerburschen des Märchens an Prüfung auferlegt zu werden pflegt« (15.1, S. 116). Diese »schrecklichste Prüfung, die eine Seele überhaupt jemals auf Erden zu bestehen gehabt« habe, sei die Voraussetzung für den Weg Preußens und Deutschlands gewesen, »steil und schicksalsvoll« (ebd., S. 119).

Thomas Manns Hauptarbeit dieser Jahre bis Kriegsende sind die umfangreichen *Betrachtungen eines Unpolitischen* (1918). Sie sind, laut Vorrede, der mehr als zweijährige »Gedankendienst mit der Waffe« (13.1, S. 12), und mehr als das. Der Autor klärt sein Verhältnis zur Zeit, aber auch sein konservativ-ablehnendes Verhältnis zur Politik. Beispielhaft dafür kulminiert der Zwist mit seinem Bruder Heinrich in der Frage nach dem politischen Engagement des Schriftstellers in dem negativ verstandenen Begriff des »Zivilisationsliteraten«, der zwischen Macht und Geist unterscheide (ebd., S. 66), wo es doch längst um viel mehr gehe, um die »Überwindung von Dekadenz und Nihilismus« (ebd., S. 220).

Thomas Mann steht den demokratischen Möglichkeiten der Politik skeptisch gegenüber; er betont dafür den Vorrang der Kunst, der Musik, der Literatur und ihrer jeweiligen »Sympathie mit dem Tode« (ebd., S. 460), die »thematischer Bestandteil« (ebd., S. 461) des kleinen Romans sei – gemeint ist der *Zauberberg* –, den er vor dem Krieg zu schreiben begonnen habe. Die *Betrachtungen eines Unpolitischen* nehmen zahlreiche Diskussionen im *Zauberberg* vorweg, und es ist sicher richtig, dass, wie Thomas Mann in einem Brief an Paul Amann am 25. März 1917 selbst befunden hat, ohne die Theorien der *Betrachtungen* der Roman »intellektuell unerträglich überlastet worden wäre« (22, S. 180).

## Fingerübungen

Um nach dem Abschluss der *Betrachtungen eines Unpolitischen* wieder in den Roman zurückzufinden, schreibt Thomas Mann zwei kleine Zwischenwerke. Zum einen das Idyll *Herr und Hund* (1918) über seine Spaziergänge im letzten Kriegsjahr mit dem Hund Bauschan in der als »Zaubergarten« (VIII, S. 565) bezeichneten Landschaft um die Dichterresidenz im Münchener Herzogpark; zum anderen den in Hexametern abgefassten *Gesang vom Kindchen* (1919) anlässlich der Geburt der Tochter Elisabeth im April 1918. Als im April 1919 das sechste Kind, der Sohn Michael, zur Welt kommt, nimmt Thomas Mann gerne das Angebot eines Freundes, des Kunsthistorikers und Verlegers Dr. Georg Martin Richter (1875–1942) wahr, und nutzt dessen Ferienhaus in Feldafing am Starnberger See, das »Villino«, als Fluchtquartier. Dort, in der Umgebung des Hotels »Kaiserin Elisabeth«, das ihn an das Davoser Sanatorium erinnert, in der Nachbarschaft seines Schriftstellerkollegen und Freundes Bruno Frank (1889–1945) sowie der deutsch-amerikanischen Erzählerin Emma Bonn (1879–1942), findet Thomas Mann in die Thematik des *Zauberberg* zurück.

## Neubeginn

Nach der Wiederaufnahme der Arbeit am *Zauberberg* im April 1919 bringt Thomas Mann bis August 1919 in den restlichen fünf Abschnitten des Vierten Kapitels immerhin schon die ersten drei Zauberberg-Wochen Hans Castorps unter. Sie enden mit seiner diagnostizierten Erkrankung und der Entscheidung, zu bleiben. Der Assistenzarzt gratuliert.

Zudem schreibt Thomas Mann in diesen Apriltagen 1919 einen »Vorsatz«, der deutlich macht, dass die Zeit in der Geschichte eine doppelte Rolle spielt; gemeint ist die historisch vergangene, durch den Weltkrieg in noch weitere Ferne gerückte Zeit einer anderen Epoche ebenso wie die erzählte Zeit, die der Held geradezu märchenhaft lang auf dem verzauberten Berg verbringt.

## Der Zauberberg in Feldafing

Ein kleines Haus in Feldafing ist zum Schauplatz großer Literatur geworden. Thomas Mann schrieb in dem von ihm »Villino« genannten Ferienhaus aus dem Jahr 1912 zwischen 1919 und 1923 bei insgesamt 14 nachweisbaren, vermutlich aber noch weit mehr Aufenthalten an wesentlichen Abschnitten des *Zauberberg*. Während der Arbeit am Fünften Kapitel mit dem ersten Abschnitt »Ewigkeitssuppe und plötzliche Klarheit« hatte er Ende Januar 1920 im »Feldafinger Mausloch« ein für den Roman folgenreiches Musikerlebnis mit einem Grammophon; der Abschnitt »Fülle des Wohllauts« im Siebenten Kapitel ist davon entscheidend beeinflusst. Außerdem entstand im Villino an Ostern 1920 der dritte Abschnitt des Fünften Kapitels, »Freiheit«.

Am 10. Mai 1921 wurde in der Laube hinter dem Haus der neunte und letzte Abschnitt des Fünften Kapitels, die im Februar 1908 als Faschingsfest spielende »Walpurgisnacht« und damit der erste Band des *Zauberberg*, fertiggestellt. Die »Walpurgisnacht« nimmt Motive des Schauspiels *Der Fasching. Szenen aus dem Münchener Leben* auf, die Georg Martin Richter 1903 unter dem Pseudonym Georg Thorland veröffentlicht hatte (vgl. S. 58).

Das Haus wurde 1994 vom Verfasser bei den Recherchen für sein Buch *Wellen, Wind und Dorfbanditen. Literarische Erkundungen am Starnberger See* (1995) auf dem Gelände der Fernmeldeschule des Heeres in Feldafing wiederentdeckt. Aus Anlass des hundertjährigen Bestehens der Fernmeldetruppe entschloss sich die Leitung der Fernmeldeschule 1999, das Villino einer neuen Nutzung zuzuführen. In einer am 20. Juli 1999 eröffneten ersten Dauerausstellung wurde an Thomas Mann, den *Zauberberg* und seine Bedeutung für unsere Gegenwart erinnert. Die zwei Zimmer im ersten Stock, die Thomas Mann bewohnte, sind authentisch erhalten. Sie zeigen mit dem »Studio und Schlafkabinett« von Lodovico Settembrini und der gut vorstellbaren »Bettstatt im Mansardenwinkel« (5.1, S. 612) einige Ähnlichkeit. Weiter wurden der seinerzeit in Feldafing ansässige Freund und Schriftstellerkollege Bruno Frank (der das französische Gespräch in der »Walpurgisnacht« überarbeitete) und die später nach Theresienstadt deportierte Schriftstellerin Emma Bonn (bei der Thomas Mann Schubert-Lieder hörte) vorgestellt. Die Exponate stellten der Thomas-Mann-Förderkreis München e.V. (seit 2012: Forum), das Thomas-Mann-Archiv, Zürich, die Stadtbibliothek München (Monacensia) und private Leihgeber zur Verfügung.

Die Bundeswehr ergänzte diese Ausstellung und gedachte bis 2012 des politischen Widerstands gegen das Dritte Reich um General Erich Fellgiebel, den ehemaligen Chef des Heeresnachrichtenwesens und Chef der Wehrmacht-Nachrichtenverbindungen. General Fellgiebel gehörte zum Kreis der Widerstandsbewegung vom 20. Juli 1944 und wurde in Berlin-Plötzensee hingerichtet. In diesem Zusammenhang wurde auch an die ehemalige Reichsschule der NSDAP (1934/38–45) und an das Displaced Persons-Lager

(1945–51) auf dem späteren Gelände der Fernmeldeschule (ab 1956) erinnert. Diese Ausstellung ist heute in der Schule Informationstechnik der Bundeswehr an der Tutzinger Straße 46 auf Anfrage zu besichtigen.

Im Herbst 2012 wurde ein Teil des Grundstücks des Bundeswehrgeländes mit dem Villino an das Benedictus Krankenhaus Feldafing verkauft. Die Dauerausstellung von 1999 wurde durch Exponate der Ausstellung »›Einst bei uns auf dem Lande ...‹ Thomas Mann in Oberbayern« ergänzt, die der Verfasser für den Bezirk Oberbayern, Fachberatung Heimatpflege, 2013 in Kloster Benediktbeuern eingerichtet hatte. Bis September 2018 fanden neben den Führungen durch das Haus im ehemaligen Wohnzimmer Lesungen, Gespräche und Grammophon-Konzerte statt. Im Dachgeschoss stand eine Bibliothek zur Verfügung. Nach der Sanierung des Villino ist ab 2019 eine neue Nutzung durch das Krankenhaus geplant.

Das Villino in Feldafing, um 1920, Schreibort für den *Zauberberg* und im Dachgeschoss Schauplatz-Anregung für Settembrinis »Studio und Schlafkammer« mit »Mansardenwinkel«.
Foto: Thomas-Mann-Forum München e.V.

Der *Zauberberg* ist also »ein Zeitroman in doppeltem Sinn: einmal historisch, indem er das innere Bild einer Epoche, der europäischen Vorkriegszeit, zu entwerfen sucht, dann aber, weil die reine Zeit selbst sein Gegenstand ist« (XI, S. 611). So Thomas Mann 1939 in seiner *Zauberberg*-Einführung für die Studenten der Princeton University.

In den drei übrigen Kapiteln des *Zauberberg* vergeht die Zeit dementsprechend anders, erst langsam, dann vermeintlich immer schneller. Aus den drei Wochen werden Monate – ein Monat ist ja überhaupt, wie es anfangs heißt, nur die »kleinste Zeiteinheit« (5.1, S. 91) dort oben –, und zuletzt wird nur noch konstatiert, wie »so die Jährchen wechselten« (5.1, S. 1034). Diese drei Kapitel sind die eigentlich ›schweren‹ des *Zauberberg*, beladen mit Reflexion. Die Zeit gerät buchstäblich aus den Fugen.

Als *Der Zauberberg* Ende 1924 in zwei Bänden erscheint, lassen sich in den fünf Kapiteln des ersten Bandes die anfangs als Novelle gedachten sechs Monate von der Ankunft des Helden im August 1907 bis zum Faschingsfest der »Walpurgisnacht« im Februar 1908 noch gut nachvollziehen. Die beiden Kapitel des zweiten Bands spielen dann in den folgenden sechseinhalb Jahren bis zum Kriegsausbruch 1914. Es hilft daher ein wenig, sich die zwei Bände als zwei unterschiedliche Teile des Romans vorzustellen, worin im ersten Teil, dem Vorkriegs-*Zauberberg*, mehr die Fabel, die seltsame Lebens-, Liebes-, und Leidensgeschichte Hans Castorps erzählt wird, und im zweiten Teil, dem Nachkriegs-*Zauberberg*, die Gespräche und Gedanken der Figuren überwiegen. Damit nicht genug, wäre zwischen die beiden Bände als verbindender dritter Teil des *Zauberberg* noch der »Betrachtungsroman« (Thomas Mann an Conrad Wandrey, 24. Juni 1922) der *Betrachtungen eines Unpolitischen* zu legen.

## Personen und Personal

Unter den zahlreichen Figuren des Romans ragen einige heraus. Da ist der kranke Vetter Joachim Ziemßen, der Anlass des Besuches. Hans Castorp und er werden scherzhaft mehrdeutig »Castorp und Pollux« (5.1, S. 327) genannt. Joachim ist schon ein halbes Jahr im Sanatorium, mit dem er nicht viel anfangen kann und mag. Sein

Berufsziel ist das Militär; und als ihm seine Genesung endgültig zu lange dauert, flieht er vom Zauberberg hinunter ins Flachland, lässt sich hastig zum Leutnant ausbilden und kehrt todkrank zurück. Er stirbt am Ende des Sechsten Kapitels, ganz ähnlich wie Valentin in Goethes *Faust*, im Abschnitt »Als Soldat und brav«. Als Toter kehrt Joachim noch einmal kurz zurück, im spiritistischen Abschnitt »Fragwürdigstes« des Siebenten Kapitels als Geist, mit einer für die Patienten rätselhaften Kopfbedeckung, die erst aus der kommende Erste Weltkriegs als Stahlhelm zu erkennen geben wird.

Da sind die beiden Ärzte, Hofrat Behrens im weißen Kittel, ein Schwadroneur von besonderen Gnaden und dilettierender Maler, sowie sein Assistent Krokowski, der Vorträge über »Seelenzergliederung«, also Psychoanalyse hält, im schwarzen Kittel. Die beiden werden wiederholt Rhadamanth und Minos genannt, sind demnach Richter der Seelen in der Unterwelt, und das »Ordinationszimmer« des Hofrats sowie das Sprechzimmer des Assistenten liegen nicht ohne Grund »in dem gut belichteten Kellergeschoß des Anstaltsgebäudes« (5.1, S. 204).

Da sind Tischgenossen, neben namenlosen Figuren die köstliche Frau Stöhr mit ihren halbgebildeten sprachlichen Patzern (»›Erotika‹ von Beethoven«, 5.1, S. 813), und die junge hochbusige Russin Marusja, die heimliche Liebe Joachims. Da ist aber vor allem Hans Castorps große Liebe, die Russin Clawdia Chauchat, die im Speisesaal nach einem demonstrativen Eintrittszeremoniell mit krachend zugeschlagener Tür am »Guten Russentisch«, nicht am »Schlechten« Platz nimmt. Clawdias Kirgisenaugen erinnern Hans Castorp an einen Mitschüler namens Pribislav Hippe, in den er einst als Dreizehnjähriger, in der Untertertia, verliebt gewesen ist. Von ihm, dem im Vierten Kapitel ein eigener Abschnitt gewidmet ist, hatte er sich einmal einen Drehbleistift ausgeliehen und ihn als Liebesfetisch behandelt. Der Vorgang wiederholt sich. Am Ende des Faschingsfestes, der »Walpurgisnacht«, die sich nicht nur äußerlich an Goethes *Faust* anlehnt, als Hans Castorp seine Liebe in einer Mischsprache aus Deutsch und Französisch erklärt hat, leiht er sich von Clawdia zum Schweinchenzeichnen mit geschlossenen Augen ebenfalls einen Bleistift aus. Und mit ihrer Bitte, ihn ihr zurückzubringen, endet der Abschnitt, endet das Fünfte Kapitel (und damit der erste Band) in einer kaum angedeuteten, später allerdings mehrmals erinnerten Liebesszene – der einzigen des ganzen Romans.

Wen gibt es noch? Natürlich Lodovico Settembrini, den italienischen Humanisten und Pädagogen, der einen besonderen Blick für die Lebensneugier Hans Castorps entwickelt und ihn in vielen Gesprächen belehrt und erzieht. Der ärmliche Mann, halb »Satana«, also Widersacher, Unglücks- und Strafengel, halb »Drehorgelmann« im Sinne des Leiermanns aus Schuberts *Winterreise* (1827), spricht mit seinem Schützling alle großen Themen des Geistes durch.

Seinen Widersacher bekommt er in der Figur des jesuitischen Kommunisten Leo Naphta zugeteilt, der dem marxistischen ungarischen Literaturhistoriker und Philosophen Georg Lukács (1885–1971) einige Züge verdankt. Die beiden liefern sich endlose Rededuelle, die sowohl Hans Castorp, als auch den Erzähler, von den Lesern ganz zu schweigen, überfordern und ermüden. Das soll aber auch so sein, geht es letztlich doch um unaufhebbare Gegensätze. Es geht um die politische Grundfrage des 20. Jahrhunderts, um den Konflikt zwischen Individuum und Kollektiv, zwischen Humanismus und Totalitarismus. Als es zu keiner Einigung kommt, weil es zu keiner Einigung kommen kann, fordert Naphta seinen Gegner zum Duell und schießt sich nach der Schussverweigerung Settembrinis selbst in den Kopf.

Sein letztes großes menschliches Erlebnis hat Hans Castorp mit dem lange auf Java tätig gewesenen holländischen Kaffeepflanzer Mynheer Pieter Peeperkorn, dem allein vier der zehn Abschnitte des Siebenten Kapitels gewidmet sind. In Begleitung Clawdias, die eine Zeitlang den Zauberberg verlassen hatte, und eines malaiischen Dieners zieht mit Peeperkorn eine grandiose Schlussfigur in das Romangeschehen ein. Er lebt in der großen Geste, deutet mehr an, als er ausspricht, doch unter der – vom Dichter-Kollegen Gerhart Hauptmann entliehenen – alles beherrschenden Maske wächst die Angst vor dem vitalen Versagen.

Nachdem Peeperkorn von Hans Castorps Liebe zu Clawdia erfahren hat, nimmt er sich mit einer ausgeklügelten Giftspritze in Form eines Schlangenzahns das Leben. Es geht also in dem Roman um Leben und Tod, vielleicht etwas mehr um den Tod als um das Leben, jedenfalls um dasjenige existentielle Wechselverhältnis, dem alles hienieden unterworfen ist, in allen nur denkbaren Erscheinungsweisen. Daher sei es erlaubt, das vielfache »Beziehungssystem« (XI, S. 603) des Romans kapitel- und abschnittweise ein wenig aufzulösen.

Thomas Mann

Der Zauberberg

Roman

Erster Band

1924

S. Fischer / Verlag / Berlin

Titelseite des Ersten Bandes mit den Kapiteln Eins bis Fünf. Foto: Privat.

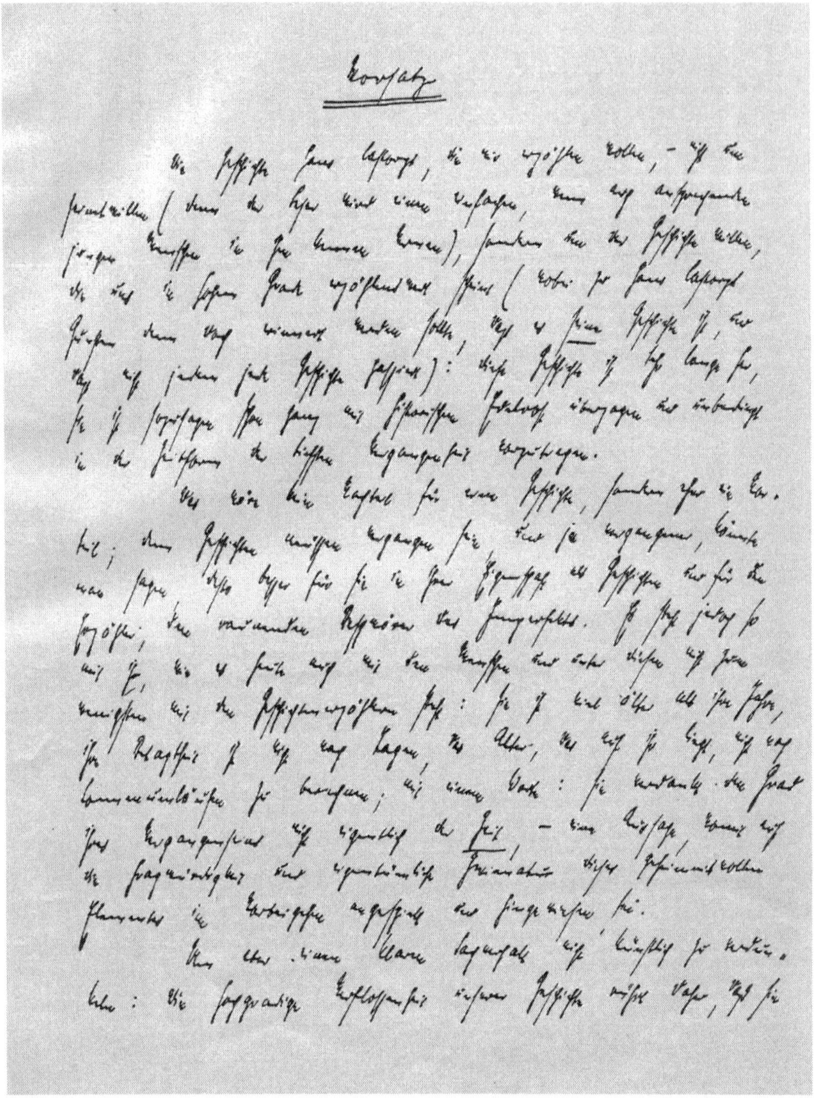

Der »Vorsatz«, die erste Seite des *Zauberberg*-Manuskripts. Zu sehen sind die Zeilen von »Die Geschichte Hans Castorps, die wir erzählen wollen« bis »die hochgradige Verflossenheit unserer Geschichte rührt daher, daß sie [vor einer gewissen, Leben und Bewußtsein tief zerklüftenden Wende und Grenze spielt]«. (5.1, S. 9).

Abb. in: Reclams Universum, Leipzig, Heft 36 vom 4. Juni 1925 (»Zu Thomas Manns fünfzigstem Geburtstag«), S. 785.

# Der Zauberberg

## Vorsatz

Der »Vorsatz« wurde in München am 20. April 1919 geschrieben, also in den Tagen des Neubeginns nach dreieinhalbjähriger Unterbrechung. Zu diesem Zeitpunkt spielt die Geschichte schon eine Weile, beginnt sie doch »vor der tief zerklüftenden Wende und Grenze« des Ersten Weltkriegs. Die Geschichte hat mit der einfach vergangenen »*Zeit*«, das Wort ist hervorgehoben, angeblich nicht viel zu tun; ihre »Fragwürdigkeit und eigentümliche Zwienatur« reichen weiter, bis in das Gebiet des »Märchens« hinein. Gemeint ist damit die Mär vom Ritter Tannhäuser, der in den Zauberbann des Venusbergs geriet. Seit Michael Maars aufschlussreichen »Neuigkeiten aus dem Zauberberg« (1993) sind mit diesem Hinweis aber auch die Märchen des dänischen Dichters Hans Christian Andersens gemeint, die sich motivisch im gesamten erzählerischen Werk Thomas Manns nachweisen lassen.

Freilich, die sieben Jahre, die der Erzähler »in Gottes Namen« für die Geschichte nicht hofft aufwenden zu müssen, diese sieben Jahre übertraf der Autor insgesamt um fünf Jahre, und, die reine Schreibzeit gerechnet, immer noch um ein Jahr. Der Leser ist also vorgewarnt und sollte ebenfalls genügend Zeit mitbringen!

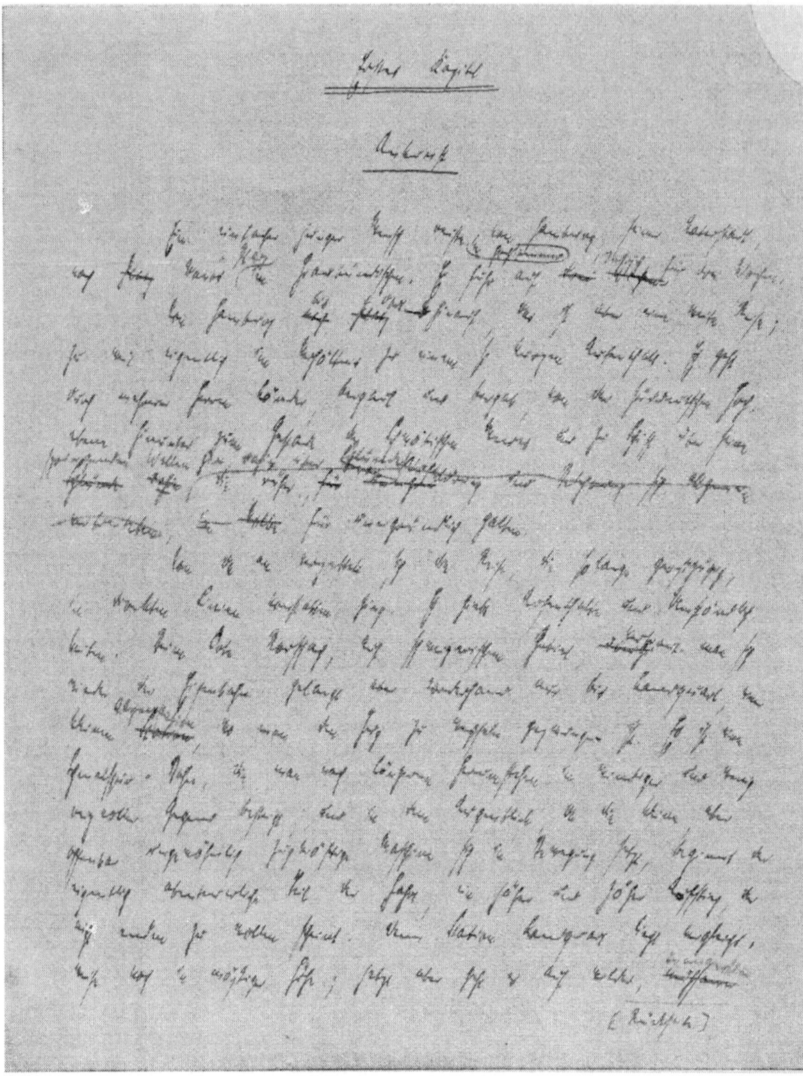

»Erstes Kapitel/Ankunft«. Faksimile der neuen Manuskriptseite nach der Kapitelumstellung vom 8. Januar 1920. Zu sehen sind die Zeilen »Ein einfacher junger Mensch reiste im Hochsommer von Hamburg, seiner Vaterstadt, nach Davos-Platz im Graubündischen.« bis »(...) jetzt aber geht es auf wilder, drangvoller [Felsenstraße allen Ernstes ins Hochgebirge.]« (5.1, S. 11).
Abb. in: Weltstimmen. Die schönsten Weltbücher in Umrissen. Lieferung 1, Stuttgart, April 1927, S. 2.

# Erstes Kapitel

## Ankunft

Ursprünglich stand das jetzt zweite Kapitel mit der Lebensgeschichte des Helden am Anfang des Romans, und die Ankunft auf dem Zauberberg schloss sich an. Erst nach Abschluss des Vierten Kapitels, also nach den ersten drei erzählten Wochen, tauschte der Autor Anfang Januar 1920 die beiden Kapitel. So reist Hans Castorp mit der Bahn zwei Tage von Hamburg nach Davos und erreicht an einem Dienstag im August 1907 den Bahnhof in Davos. Dort wird er von seinem Vetter Joachim Ziemßen erwartet.

Joachim sucht schon seit fünf Monaten im Sanatorium Heilung – widerwillig, weil er in dieser Zeit viel lieber seine Offizierslaufbahn begonnen hätte. Zwei Jahre später dreht sich das Besuchsverhältnis um, wenn Joachim von seiner Flucht ins Flachland, wo er es glücklich bis zum Leutnant gebracht hat, todkrank zurückkehrt, ebenfalls Anfang August, und diesmal von Hans begrüßt wird.

Joachim rühmt die »berühmte Luft« des Kurorts. So weit so gut. Aber dass die Leichen im Winter mit dem »Bobschlitten« ins Tal gefahren werden und dass einer der Ärzte »Seelengliederung mit den Patienten« betreibe, versetzt den Ankömmling doch sehr in Erstaunen.

## Nr. 34

Hans Castorp kommt für drei Wochen, gewiss; und wird also bald wieder fahren. Doch kaum bezieht er das Zimmer mit der magischen »Nr. 34« ist es schon um ihn geschehen, ist er im Zauberbann gefangen – die Quersumme seiner Zimmernummer gibt die Dauer seines Aufenthalts richtig an: es werden sieben Jahre werden! Diese Quersumme wird später, im Abschnitt »Fragwürdigstes« des Siebenten Kapitels ausdrücklich thematisiert; auf die Frage, wie lange Hans Costorp auf dem Zauberberg bleiben werde, antwortet das Medium, er müsse dafür »quer durch sein Zimmer gehen« (5.1, S. 1008).

Die Merkwürdigkeiten setzen sich fort. In dem reinlichen Zimmer ist vor kurzem eine junge Amerikanerin gestorben (Thomas Mann spielt damit an auf den tatsächlichen Todesfall der jungen Emma Ley, der Geliebten seines Freundes Bruno Frank), was seltsam berührt; und im Hochsommer kann man aufgrund der Höhensonne mit brennendem Gesicht dennoch erheblich frieren. Zuletzt ist gar ein Husten zu hören, »ein Husten ganz ohne Lust und Liebe«, der wie ein Signal aus einer Region wirkt, die den Menschen nur als organische Funktion (»alles ein Matsch und Schlamm«) versteht.

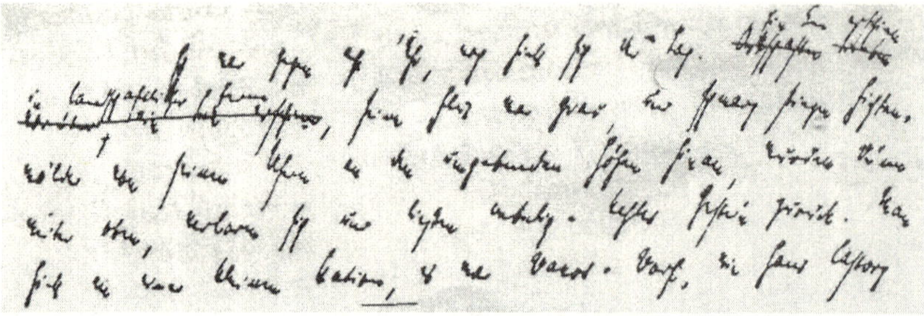

Fünf Zeilen aus dem Ersten Kapitel »Ankunft«: »Es war gegen acht Uhr, noch hielt sich der Tag. Ein See erschien in landschaftlicher Ferne, seine Flut war grau, und schwarz stiegen Fichtenwälder neben seinen Ufern an den umgebenden Höhen hinan, wurden dünn weiter oben, verloren sich und ließen nebelig-kahles Gestein zurück. Man hielt an einer kleinen Station, es war Davos-Dorf, wie Hans Castorp [draußen ausrufen hörte, er würde nun binnen kurzem am Ziele sein.]« (5.1, S. 14).
Abb. in: Hermann Ungar: Was die Manuskripte des Dichters verraten. Ein Blick in die Werkstatt Thomas Manns. In: Die Literarische Welt, Berlin, Jg. 1, Nr. 4, 30. Oktober 1925, S. 1.

## Im Restaurant

Es ist also alles vom Tode berührt, dort oben auf dem verzauberten Berg. Kein Wunder, dass auch im Restaurant eher eine Hadesgesellschaft versammelt ist. Hans Castorp greift noch mit vollem Appetit zu, wo Joachim im Einerlei der Tage »die Küche satt« hat. Entscheidend aber ist, wie das Verhältnis von Hans und Joachim zur Zeit ist. Hier klingt das Motiv, das den Roman durchweg bestimmt, zum ersten Mal an. Joachim klagt, der Appetit schwinde, wenn man »ewig und drei Tag« hier oben sitze, und die Zeit »überhaupt nicht« vergehe.

Die Leichen auf den Bobschlitten drängen sich im Gespräch vor die Nachrichten aus Hamburg. Zwar lachen die beiden Vettern über die kuriosen Wortverdrehungen einer Frau Stöhr, doch die Begegnung mit dem Assistenzarzt Krokowski zeigt deutlich die wahren Verhältnisse dieser Totenwelt. Als sich der vom guten Wein »Gruaud Larose« schläfrig benommene Hans Castorp nicht als Patient, sondern als Besucher, und noch dazu als »ganz gesund« zu erkennen gibt, erwidert der Arzt, da sei er ein Phänomen, denn ein ganz gesunder Mensch sei ihm noch nicht vorgekommen. Auf seinem »Totenbett« träumt der Held anschließend eine Mischung seiner ersten Erlebnisse.

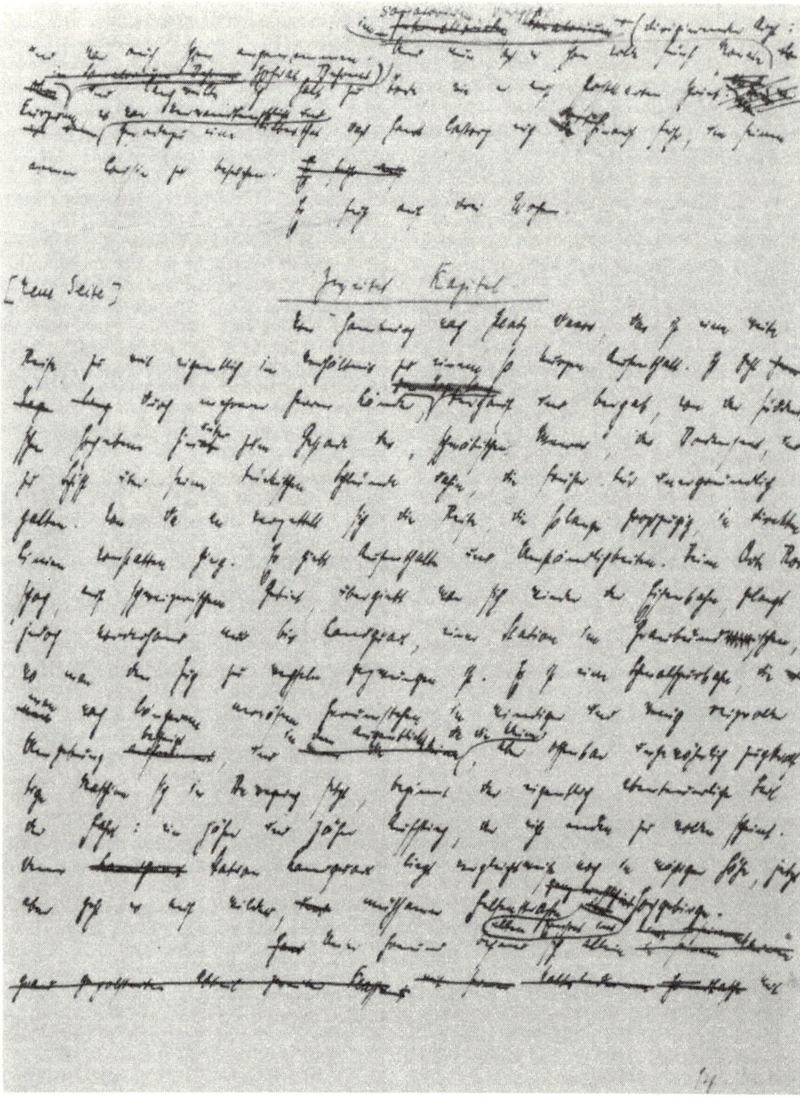

Die alte *Zauberberg*-Manuskriptseite 14 mit der neuen Kapitelangabe wurde von Thomas Mann neu geschrieben; das frühere Blatt wurde separiert und hat sich, mit anderen ausgeschiedenen Seiten des ersten Manuskripts, in der Thomas-Mann-Collection der Yale University (The Beinecke Rare Book and Manuscript Library) erhalten.
Abb. in: *Thomas-Mann-Studien* Bd. 4, S. XI.

# Zweites Kapitel

Das Zweite Kapitel war ursprünglich das Erste – Thomas Mann schrieb es neu im Mai und Juni 1919 und tauschte es Anfang Januar 1920 gegen das jetzige Erste Kapitel. Die zwei Abschnitte dieses Kapitels erzählen die in Lübeck und Hamburg spielende Jugendgeschichte des Senatorssohns. Für ihn ist der Tod nichts Neues.

## Von der Taufschale und vom Großvater in zwiefacher Gestalt

Schon mit sieben Jahren verliert Hans Castorp seine Eltern und wächst für ein Jahr beim Großvater auf, der, wie schon der Vater, an Lungenentzündung stirbt. Über die Taufschale (die der Manns ist erhalten) geht die Familiengeschichte (wie bei Thomas Mann selbst) bis ins Jahr 1650 zurück.

Der Großvater lebt innerlich in einer anderen, vergangenen Zeit, der des verschwundenen Patriziertums. Sein Enkel, dessen »zergliederungsfeindliches, schlechthin bejahendes« Wesen ihm verwandt ist, versteht den gemalten Großvater in Ratsherren-Tracht als den eigentlichen Ahnen. Doch schon mit etwa acht Jahren verliert ihn der Junge und hat so in kurzer Zeit drei Tote erlebt. Mit dem Tod verbindet der Junge etwas Frommes, geistlich Schönes und zugleich ein sehr materielles Ereignis. Umso befremdlicher müssen dem jungen Mann die Leichen vorkommen, die vom Zauberberg auf dem Bobschlitten ins Tal transportiert werden

## Bei Tienappels. Und von Hans Castorps sittlichem Befinden

Hans Castorp wächst danach im Hamburger Haus seines Vormunds, des Konsuls Tienappel, einem Onkel seiner Mutter, zusammen mit dessen Söhnen James und Peter auf. Aus Hans wird ein behütetes, reiches Söhnchen, das in Hamburg die »feuchte Atmosphäre aus Weltkrämertum und Wohlleben«, die »Lebensluft«

seiner Väter atmet. Diese Luft ist wiederum nicht ungefährlich und fördert Lungenkrankheiten. Hofrat Behrens wird Hans Castorp bei ihrer ersten Begegnung sagen, dass Hamburg unter seinen Patienten »immer ein nettes Kontingent mit seiner feuchtfröhlichen Meterologie« gestellt habe. Bestens gekleidet und frisiert, eine gepflegte Erscheinung mit einer Vorliebe für die Bremer Zigarrenmarke »Maria Mancini« (der Name spielt an auf die erste Mätresse des französischen »Sonnenkönigs« Louis XIV.), ist Hans Castorp »weder ein Genie noch ein Dummkopf«, also gutes Mittelmaß ohne höhere Ambitionen. Nach der Schule entscheidet er sich für den Schiffsbau, anders als sein Vetter Joachim (des »Stiefschwestersohns seiner seligen Mutter«, wie es etwas umständlich heißt), der trotz schwacher Brust Offizier werden will. Arbeit, gar anstrengende, behagt Hans Castorp ganz und gar nicht; er liebt mehr »die freie Zeit« und ist damit wohl ein ganz normales norddeutsches Herrensöhnchen der vorletzten Jahrhundertwende. Ohne Militärdienst und nach vier Semestern Ingenieursstudium schickt sein Arzt den 23-jährigen, etwas matten jungen Mann für drei Wochen zur Erholung ins Hochgebirge, zum Besuch des Vetters. Die Geschichte beginnt.

# Drittes Kapitel

## Ehrbare Verfinsterung

Das dritte Kapitel dauert genau einen Tag, vom ersten Erwachen Hans Castorps bis zum Einschlafen und ersten Traum. Nach der Morgentoilette hört er von fern eine »Morgenmusik«, der er »wohlgefällig (...) mit offenem Munde« lauscht, also auf eben dieselbe Weise, mit der er sich viel später beim Anhören der Grammophonmusik im Siebenten Kapitel von »Wohllaut überströmen « (5.1, S. 974) lassen wird.

Er bobachtet eine dunkel gekleidete Dame im Garten, genannt »Tous-les-deux«. Sie hat zwei Söhne an den Zauberberg verloren und beklagt sie vor jedermann mit dem Ausruf »Tous-les-deux« – alle beide. Aus dem Nebenraum vernimmt Hans Castorp zu seiner Befremdung unverhohlene anstößige Liebesgeräusche eines Paares, das, wie sich später herausstellt, im Speisesaal zum sogenannten »Schlechten Russentisch« gehört. Das ausgelassene Liebesspiel der beiden, durchmischt mit Walzerklängen der Morgenmusik, stimmt erstmals drei Grundthemen des Buches an: Krankheit, Liebe, Musik.

## Frühstück

Zusammen mit Joachim begibt sich Hans zum ersten üppigen Frühstück in den Speisesaal mit – dem Märchen entsprechend – sieben Tischen, an denen die »Saaltöchter«, darunter eine Zwergin, bedienen.

Am Tisch fällt neben namenlosen Wesen wie einer Dame in Schwarz, einem englischen Fräulein, einem jungen Mann mit Schmerzensmiene und einem hellblonden, Yoghurt löffelnden Mädchen besonders Frau Stöhr mit ihren kuriosen Versprechern auf. Die übrige Gesellschaft verharrt in geregeltem Stumpfsinn. Dann geht es Schlag auf Schlag. Erst knallt zum ersten Mal eine der vier Glastüren, ein Geräusch, das Hans Castorp erst entsetzt, das er aber später umso heftiger ersehnt, weil es mit der Verursacherin, seiner großen Liebe, verbunden ist. Als die Vettern gehen wollen, prallen sie in der Tür mit Hofrat Behrens und dessen Assistenten Krokowski zusammen. Launig bescheinigt Behrens dem neuen Ankömmling auf den ersten Blick ein größeres Talent zum Patienten zu haben als der ungeduldige Joachim und diagnostiziert gleich noch Anämie (Blutarmut).

## Neckerei. Viatikum. Unterbrochene Heiterkeit

Vorbei an einem hinkenden Concierge oder teuflischen Wächter begeben sich die Vettern auf ihren ersten Spaziergang. Hans steckt sich eine Zigarre an, seine geliebte »Maria Mancini«, und preist den Segen des Rauchens. Joachim gerät bei einer Steigung außer Atem. Hans geht voraus.

Eine Gruppe junger Leute kommt ihm entgegen, von denen ein langes junges Mädchen sich einen Spaß daraus macht, Hans mit einem rätselhaften Pfiff aus dem Körperinneren zu foppen. Joachim klärt auf, das sei Hermine Kleefeld mit ihrem »Pneumothorax« gewesen. Sie sei Mitglied im »Verein halbe Lunge« und habe ein besonderes Talent entwickelt, den mit Stickstoff gefüllten kranken Lungenflügel auf diese Weise zu aktivieren. Daraufhin schmeckt Hans seine geliebte Zigarre nicht mehr.

Die Vettern ruhen auf einer Bank aus und sprechen über einen Sterbefall vor acht Wochen. Ein junges Mädchen, dem das Viatikum, die Sterbesakramente, gebracht wurden, war darüber so sehr erschrocken, dass sie strampelte und schrie und sich unter der Bettdecke verkroch. Erst als Hofrat Behrens sie energisch anfuhr, gab sie Ruhe. Hans Castorp gerät über diese Verkehrung jeder Pietät in ein heftiges Lachen. Da taucht eine weitere Hauptperson der Geschichte auf.

## Satana

Der italienische Humanist und Schriftsteller Lodovico Settembrini, zwischen dreißig und vierzig Jahre alt, ist der große Wissende auf dem Zauberberg, anmutig, aber arm. Der »Drehorgelmann«, wie ihn Hans Castorp insgeheim nennt, bezeichnet Behrens und Krokowski als die Totenrichter »Minos und Rhadamanth«; Hans Castorp kommt ihm vor »wie Odysseus im Schattenreich«. Seinen verehrten Lehrer, den antiklerikalen und nationalen Dichter Giosuè Carducci (1835–1907), Nobelpreisträger 1906, zitiert er mit dessen Ode an »Satana«, beseelt vom Geist der Rebellion und des Widerspruchs. Von Behrens dagegen, diesem vogelfängerischen »Satanskerl«, der auch Künstler sei und in Öl male, weiß er, dass er eine »verworrene Seele« sei. Er, Settembrini, habe die Bosheit als »die glänzendste Waffe der Vernunft gegen die Mächte der Finsternis und der Häßlichkeit« entwickelt. Dahinter stehe aber nicht der Geist der bloßen Verneinung, sondern der Aufklärung, der Pädagogik, der humanistischen Erziehung. Er ist also der gute Teufel, der von Petrarca und Vergil sprechen will, während Joachim zur Liegekur drängt.

Auf dem gemeinsamen Heimweg lästert Settembrini über die patientenfeindlichen, aber finanziell ertragreichen Methoden der Ärzte und bringt Hans Castorp damit zum Lachen. Angesichts des schwarzgekleideten Doktors Krokowski und seiner einseitig ausgerichteten »Seelenzergliederung« hebt Settembrini den Wert des humanistischen Gymnasiums hervor. Freilich muss der italienische »Windbeutel«, trotz vieler Ausbruchsversuche, immer wieder im Sanatorium »einrücken« – der Zauberberg ist eben mehr Kaserne als Gymnasium.

## Gedankenschärfe

Das Gespräch mit Settembrini hat Folgen, Hans entwickelt erstaunliche Gedankenschärfe, es gefällt ihm, zu experimentieren – das »placet experiri« wird zu einem Leitmotiv des Romans. Während Joachim sich sieben Minuten lang die Temperatur misst, räsoniert Hans erstmals über die »Zeit« als einem Phänomen der menschlichen Wahrnehmung. Mit diesen Gedanken begibt er sich für die Stunde zwischen zehn und elf Uhr auf seine Balkonloge zur Liegekur in seinem angenehmen Liegestuhl. Unterdessen lesen, schreiben und plaudern die Patienten in der Liegehalle.

Ein Gong ruft um elf Uhr zum zweiten Frühstück in den Speisesaal. Man versammelt sich wieder am Tisch, dazu kommt ein junges Mädchen, Marusja, das nur Russisch spricht, was wiederum erklärt, warum Joachim sich mit einer russischen Grammatik beschäftigt. Settembrini und die Kleefeld sind schon bekannt, das frivole russische Ehepaar zeigt sich ebenfalls – und wieder fällt krachend die Glastür zu. Benebelt von Kulmbacher Bier, gelingt es Hans Castorp aber noch nicht, den Übeltäter zu erkennen.

## Ein Wort zuviel

Die Vettern erheben sich vom Tisch, und obwohl sich Hans in seinem Dusel verständlicherweise sehr auf die nächste Liegekur freut, unternimmt er mit Joachim zuvor einen zweiten Spaziergang nach Davos-Dorf. Die Gegend rückt etwas näher, der Friedhof kommt in Sicht, aber die Zigarre will Hans Castorp erneut nicht schmecken. Statt von der Zeit spricht er nun von den Körperfunktionen, die für ihn, zum Erstaunen Joachims, ein »munterer Betrieb« sind. Dann sprechen sie über ihre Tischpartner.

»Ein Wort zuviel« entschlüpft Hans bei einem Scherz über Marusja, deren Oberweite nicht vermuten lasse, dass sie »brustkrank« sei. Mit Schrecken bemerkt Hans, wie Joachim unter seiner sonnenverbrannten Haut erblasst, und so lenkt er schnell das Gespräch auf die anderen Tischgenossen. Die Vettern gehen vorbei an flanierenden Kurgästen auf der Hauptstraße sowie an tennisspielenden Mädchen neben dem Kurhaus und ruhen erneut auf einer Bank aus. Joachim spricht von den verbotenen Glücksspielen am Ort, während Hans verstärktes Herzklopfen bekommt. Zurückgekehrt fällt er gleich in den Liegestuhl und versinkt in einen durch das Herzklopfen »peinlich belebten Halbschlummer«.

## Natürlich, ein Frauenzimmer!

Wieder ruft der Gong, und es geht zum drittenmal in den Speisesaal – diesmal zum Mittagessen. Dort sitzen die Gäste an den sieben Tischen so märchenhaft, »als seien sie nie davon aufgestanden« und verstärken dadurch Settembrinis Wort vom Zauberberg als Schattenreich. Frau Stöhr schimpft über den »Alten« Behrens und lässt sich näher über die Seitensprünge des Hauptmanns Miklosich aus Bukarest aus.

Mit »Löwenappetit« und »Heißhunger« sprechen die Patienten den reichhaltigen Speisefolgen zu. Wieder kracht die Glastür, und diesmal erkennt Hans Castorp die Übeltäterin, die er aus der Distanz bei ihrem Gang von der Tür zum »Guten Russentisch« in einem einzigen Augenblick auffällig genau vom Kopf bis zum Detail der zerkauten Fingernägel wahrnimmt. Ihr Name ist Madame Chauchat, sie ist Russin wie Marusja, aber verheiratet.

Hans verbindet mit Madame Chauchat eine seltsame »vage Erinnerung«. Kaum noch fällt dabei auf, dass ein Patient sich auf den Flur begeben muss, um dort einen Taschenspucknapf mit dem originellen Namen »der blaue Heinrich« zu benutzen. Die anschließende Liegekur verbringt Hans Castorp »wieder auf dem vorzüglichen Stuhl in seiner Balkonloge«. Erneut hämmert sein Herz, und im Taschentuch findet er Blutspuren.

## Herr Albin

Währenddessen erregt in der Liegehalle ein gewisser Herr Albin, der schon seit drei Jahren auf den Zauberberg gebannt ist, mit einem Revolver und ausgedehnten Reflexionen über den Selbstmord einiges Aufsehen bei den Damen. Als eine Stimme Ruhe gebietet, ist dann aber alles plötzlich »wie ein Traum oder Spuk zerstoben«. Der Spuk wird allerdings noch grauenhafte Realität werden, am Ende des Romans, im Abschnitt »Die große Gereiztheit« des Siebenten Kapitels, anlässlich eines Duells.

### Zauberberg und Venusberg

In seinem »Lebensabriß« (1930) spricht Thomas Mann von der »Hörselbergidee« (XI, S. 125) zu seinem Roman. Der Hörselberg, der Hexenberg oder Geisterberg bei Eisenach, ist, laut Brüder Grimm (*Deutsche Mythologie*, 1835), der Aufenthaltsort von Frau Venus. Thomas Mann verbindet somit den mythischen Hörsel- oder Venusberg mit dem schweizerischen Kurort Davos zum literarischen Zauberberg. Das Motiv ist aber älter. Schon der romantische Dichter Joseph von Eichendorff hat den Zauberberg mit dem Venusberg in Verbindung gebracht. In seiner Novelle *Das Marmorbild* (1818) fragt ein seltsamer Fremder den jungen Edelmann Florio: »Habt Ihr wohl jemals (...) von dem wunderbaren Spielmann gehört, der durch seine Töne die Jugend in einen Zauberberg hineinverlockt, aus dem keiner mehr zurückgekehrt ist? Hütet Euch!«

Thomas Mann war schon länger mit dem Lied vom Minnesänger Tannhäuser und seinem Aufenthalt im Venusberg vertraut. Das geht aus einer Gedichtparodie hervor, die er 1901 im Ton des Tannhäuser-Liedes auf seinen Aufenthalt im Sanatorium Hartungen in Mitterbad (Südtirol) in seinem Notizbuch 4 festhielt.

Daher spielt im Hintergrund auch Richard Wagners romantische Oper *Tannhäuser und der Sängerkrieg auf Wartburg* (1845) mit. Wagner hatte seine Oper anfangs *Der Venusberg* nennen wollen und nahm nur wegen der doppelten, weiblich-zauberhaften Bedeutung dieses Begriffes davon Abstand.

So lassen sich einige Motive des Tannhäuser-Liedes und der Sage im *Zauberberg* wiederfinden. Von der Minne zur »fraw venus« alias Madame Chauchat hören wir, aber auch von seinem Abschied vom Berg und der Rückkehr für »ewiklich on ende«. Die Sage kennt zudem den treuen Eckart, der am Eingang des Venusberges wacht; das wäre im Roman Joachim. Weiter ist zu hören von Frauen, Rittern, Jungfrauen, Zwergen und allerlei Musik. Herr Albin gehört als Alb oder Elbin (Elfe) mit seinem Revolver deutlich zu den tödlichen Geistern des Venusbergs. Dazu kommen im *Zauberberg* vielfache Anspielungen auf Goethes *Faust*, besonders deutlich im Abschnitt »Walpurgisnacht« des Fünften Kapitels, und an die Hadesfahrten antiker Helden.

## Satana macht ehrrührige Vorschläge

Von seiner Liegekur am Nachmittag des ersten Tages wacht Hans Castorp um »halb vier« auf durch ein Gespräch, das Dr. Krokowski während seiner Visite auf russisch »mit dem unmanierlichen Ehepaar« im Zimmer nebenan führt. Er geht hinüber zu Joachim, ist aber bereits so sehr im Bann der »Bergverzauberung«, dass ihn weder der Hinweis auf einen Studenten, der sich vor einiger Zeit im Wald erhängt hat (»Hans Castorp gähnte erregt«), noch sein eigener Wunsch, bald abzureisen, auf neue Bahnen bringen können.

Im Speisesaal sitzt Hans Castorp alsbald zum viertenmal und trinkt den Tee mit Zwieback, unternimmt einen Spaziergang zu der Bank am Berg, liegt wieder für anderthalb Stunden auf dem Balkon und begibt sich, entsprechend umgezogen, um sieben Uhr zum fünftenmal in den Speisesaal, zum Abendessen.

Das Kulmbacher Bier lässt ihn diesmal regelrecht erstarren; während Frau Stöhr erklärt, sie könne »achtundzwanzig verschiedene Fischsaucen« zubereiten, vergisst Hans Castorp, seinen »Bissen Pumpernickel mit Chester« zu kauen und hinunterzuschlucken.

Die anschließende Geselligkeit in der vorderen Halle führt Hans Castorp und Lodovico Settembrini zu ihrem ersten längeren Gespräch zusammen. Settembrini fragt leicht anzüglich, wie der junge Mann den ersten Tag »an diesem Lustorte» verbracht habe, und bekommt die gescheite Antwort »vorwiegend auf horizontale Art«, wie er selbst, Settembrini, es zu nennen pflege. Ganz im Bann des merkwürdigen Ortes gesteht Hans Castorp, der erste Tag sei ihm »kurzweilig und langweilig« zugleich vorgekommen, ein »munterer Betrieb« sei das hier. Ihm ist sogar zumute, als sei er »schon längere Zeit hier« und »schon klüger und älter geworden»« – so spricht der bereits Verzauberte und weiß im nächsten Moment nicht mehr, wie alt er ist.

Das am Tage Erlebte erzählt er so konfus, dass Settembrini ihm ernstlich rät, sobald wie möglich abzureisen. Nach dem Hinweis auf eine Dame, die unbedingt auf dem Zauberberg bleiben wollte, bis sie durch eine sogenannte »Stumme Schwester«, ein Thermometer ohne Bezifferung, als gesund entlarvt wurde, übergibt Settembrini den schwindligen Hans an Joachim. Gemeinsam begeben sich die Vettern auf Joachims Zimmer. Dort bewundert Hans kurz vor neun Uhr, mit welcher Geschicklichkeit Joachim sich in die Decken für die nächtliche Liegekur einwickelt. Hans dagegen fühlt sich elend, er friert (im Zimmer herrschen neun Grad) und leidet schon den ganzen Tag an extremer Gesichtshitze. Hans verabschiedet sich und geht in sein Zimmer hinüber. Im Bett hofft er, gleich einzuschlafen. Doch er liegt lange wach, mit heftig schlagendem Herzen. Er versteht plötzlich, warum sich Joachim heute wegen Marusja verfärbt hat und pfeift die von außen ins

Zimmer dringende Operettenmelodie nach. Wieder stört ihn das nachbarliche russische Ehepaar, dann schläft er aber doch noch ein.

Im Traum fügen sich ihm die Erlebnisse des Tages kaleidoskopartig zusammen. Schlagartig wird ihm bewusst, an wen Madame Chauchat ihn erinnert. Und der Träumer erkennt auch, was die Zeit eigentlich sei: Ein Thermometer ohne Bezifferung, eine »Stumme Schwester«. Zweimal träumt der Held sodann, Madame Chauchat komme wieder krachend in den Speisesaal, nähere sich dann aber Hans, reiche ihm die Hand, und er küsse sie, entgegen den Regeln, auf die Handfläche. Er erlebt dabei beide Male ein »Gefühl von wüster Süßigkeit«, den Verlust von Ehre und »die bodenlosen Vorteile der Schande«. So endet der erste Tag Hans Castorps auf dem Zauberberg.

### Die zweite Lesung in München

Nach den ersten Lesungen aus dem entstehenden *Zauberberg* in München am 30. Januar 1914 (vgl. S. 16) und Freiburg (15. Juli 1914) sowie – nach langjähriger Unterbrechung – in Straßburg und Essen (6. und 8. Januar 1918) las Thomas Mann am 17. September 1919 in der Münchener Buchhandlung Heinrich Jaffe an der Briennerstraße 52 (heute 12), direkt neben der Galerie Caspari, wo einst die erste Lesung stattgefunden hatte. Im Tagebuch notiert er dazu:

»Morgens Beschäftigung mit dem Zbg. Manuskript. 10 ¼ bei schönstem Wetter zur Stadt. Ließ mich rasieren, kaufte Emser Pastillen und ging zu Jaffe, wo ich die neue Lesestube mit einer Vorlesung aus dem Zbg. einweihte. Las in rapidem Tempo das III. Kap. vom Frühstück bis zur Settembrini-Szene und unterhielt das Publikum sehr. Die Szenen hatten einen entschiedenen Erfolg, was mich sehr erfreute und mir zu dem ganzen, doch recht veralteten Unternehmen wieder Lust und Mut machte. Anwesend: Bertram u. Glöckner, Katja, Dr. Mannheimer, Eliasberg, Hörschelmann, die Godwin u.a. Ich sprach auch Fremde, u.a. einen Arzt, der Davos als Patient kennt. Jaffe selig. K. u. ich gingen mit Bertram u. Glöckner bei Sommerwärme, nach der Trennung von ihnen durch den Engl. Garten.«

# Viertes Kapitel

## Notwendiger Einkauf

Nach Hans Castorps erstem Mustertag auf dem Zauberberg vergeht im Vierten Kapitel die Zeit etwas schneller. Am Ende, nach den ersten drei Wochen, reist der Besucher allerdings nicht ab, sondern verwandelt sich in einen Dauer-Patienten. Es ist eine merkwürdige Welt: Mitten im Hochsommer bringt ein Wettersturz tiefe Temperaturen in die Zimmer, man kauft Kamelhaardecken.

In den zehn Abschnitten dieses Kapitels werden die zentralen Themen des Buches nach und nach vertieft. So zeigt Hans Castorp am vierten Tag vor dem Mittagessen im Gespräch mit Settembrini erstaunliche »philosophische Gaben«; er hält Krankheit für »etwas Ehrwürdiges«, das jedoch durch mangelnde Einsicht oder gar Dummheit oft in Frage gestellt werde. Settembrini bestätigt diesen Ansatz, besteht aber ausführlich und mit Nachdruck darauf, dass Krankheit der Feind der Zivilisation sei. Hans erkennt in Settembrini den Pädagogen, den Lehrer und Mahner, aber auch den grundsätzlichen und anregenden »Oppositionsmann«.

## Exkurs über den Zeitsinn

Dieser Exkurs ist das Ergebnis von zwei Stunden Liegekur. Es geht um das Erlebnis der Zeit zwischen Ortswechsel und Eingewöhnung, um den Zeitsinn als Lebensgefühl; die Zeit werde in der Jugend langsamer wahrgenommen als im Alter. Hans Castorp reflektiert schon sehr fortgeschritten, immerhin ist auch er im Gefüge des klar strukturierten »Normaltages« auf dem Zauberberg geborgen.

## Er versucht sich in französischer Konversation

Er sieht den ersten Todgeweihten, ist selbst eine willkommene Abwechslung für eine Krankenschwester und versucht sich schließlich in französischer Konversation mit der traurigen Mutter »Tous-les-deux«. Mit den traurigen Menschen komme er besser zurecht, erklärt er Joachim und fragt ihn überraschend: »Siehst du nicht ganz gern einen Sarg?«

**Lesung in Augsburg: Bert Brecht rezensiert**

»Mann las [am 23. April 1920 im Augsburger Börsensaal] aus seinem Roman ›Der Zauberberg‹, der, wenn die Bruchstücke typisch sind, in sorgsamer und niemals der Metaphysik mangelnder Schilderung des Lebens einiger Dutzend Lungenkranker, eine Art raffinierten oder naiven Guerillakrieg gegen den Tod zeigt. (...) Die Geschichte von der Sterbenden, die nicht sterben will, vor Opposition mit den Beinen strampelt, als der Priester zu ihr kommt [Drittes Kapitel: »Neckerei«], ist in ihrer Mischung tiefster Schauerlichkeit und liebenswürdiger Grandezza so unvergleichlich wie die von dem sterbenden Jüngling, der den Damen ein kleines eitles Schauspiel aus seinem beispiellos einsamen und ernsthaft geführten Todeskampf macht [Viertes Kapitel: »Er versucht sich in französischer Konversation«], in ihrer Mischung von Reserviertheit und Liebe.«

In: Der Volkswille, Augsburg, vom 26. April 1920

## Politisch verdächtig!

Das Gleichmaß der Tage unterbricht der fünfte Tag, ein Sonntag, an dem, gleich nach dem zweiten Frühstück, auf der Terrasse eines der zweiwöchigen Kurkonzerte geboten wird. Hans Castorp lauscht wieder leicht benommen mit offenem Mund, muss sich aber von Settembrini sagen lassen, die Musik sei, im Gegensatz zum klaren Wort der Vernunft, verführerisch und gefährlich. Zwar wecke sie den Sinn für die Zeit, wirke aber zugleich betäubend und sei daher für ihn »politisch verdächtig«.

Am Nachmittag kommen für eine Wagenfahrt in die Umgebung auch die beiden russischen Damen zusammen, Madame Chauchat und Marusja, die auf Hans und Joachim so eigentümlich anziehend wirken. Erneut fühlt sich Hans durch Madame Chauchat an jemanden erinnert, es fällt ihm bewusst aber noch nicht ein, an wen.

## Hippe

Am Montag, dem sechsten Tag, ist für den späten Vormittag einer der ebenfalls zweiwöchigen Vorträge Dr. Krokowskis angekündigt, diesmal zum Thema »Die Liebe als krankheitsbildende Macht«. Hans Castorp versucht zuvor, durch einen einsamen Spaziergang »dem Bannkreis des Berghofes einmal zu entkommen«. Singend steigt er den Hang hinauf, fühlt sich freier, setzt sich auf eine Ruhebank, und während ihn dort heftiges Nasenbluten befällt, denkt er sich träumend zehn Jahre zurück. Ein Erlebnis in der Untertertia mit dem Mitschüler Pribislav Hippe kommt ihm wieder in den Sinn. Den hatte er heimlich geliebt – besonders fasziniert von Hippes »Kirgisenaugen« –, und als er ihn nach einem langen Jahr endlich anzusprechen wagte, hatte er sich von ihm einen Bleistift ausgeliehen, damit gezeichnet und die beim Spitzen abgefallenen »rotlackierten Schnitzeln (...) fast ein ganzes Jahr lang in einer inneren Schublade seines Pultes« aufbewahrt. Hans wacht auf und erkennt nun die Ähnlichkeit zwischen Pribislav und Madame Chauchat. Er eilt zum Berghof zurück, um rechtzeitig zum Vortrag zu kommen.

***

Bis hierhin, bis zu dieser wichtigen Erkenntnis seines Helden, war Thomas Mann im September 1915 gekommen; dann unterbrach er die Arbeit am *Zauberberg* für mehr als drei Jahre. Die folgenden Abschnitte des Vierten Kapitels entstanden alle erst nach dem an Ostern 1919 erfolgten Neubeginn der Arbeit, genauer, laut Tagebuch, nach der Revision der ersten Kapitel ab dem 13. August 1919.

## Analyse

Die Analyse oder besser der Vortrag des Dr. Krokowski über die »Macht der Liebe« lässt sich merkwürdig an. Mit Madame Chauchat »vor der Nase« hört Hans Castorp, dass die Liebe »aus lauter Verkehrtheiten« zusammengesetzt sei. Sie könne zwar bürgerlich geordnet und zurückgesetzt werden, wirke dann aber insgeheim triebhaft weiter und kehre durch alle Hindernisse als Krankheit wieder: »Das Krankheitssymptom sei verkappte Liebesbetätigung und alle Krankheit verwandelte Liebe.« Hans sinniert anlässlich der vor ihm mit sinnlichem Arm und einer »Schulmädchenhand« ihr Haar ordnenden Madame Chauchat, ob auch kranke Frauen Verlangen erregen dürften, denkt wieder an Pribislav, bricht dann aber diese »träumerische Betrachtung« ab, als Dr. Krokowski mit messianischem Gestus die Patienten zur Fortsetzung der »Seelenzergliederung« oder Psychoanalyse einlädt.

## Zweifel und Erwägungen

Am Dienstag ist Hans Castorp eine Woche auf dem Zauberberg und erhält die erste Rechnung. Das gibt ihm Gelegenheit, sich mit Joachim etwas näher über den Berghof zu unterhalten.

Hofrat Behrens, ein Hobby-Maler, dessen Ölgemälde im Gebäude verteilt sind, ist schon vor zehn Jahren gegen alle Pläne hier hinauf verschlagen worden; er sei eher einer der »Leidensgenossen« seiner Patienten. Dr. Krokowskis Zimmer im »Kellergeschoß« – und damit die Verbindung von Analyse und Unterwelt – findet ebenfalls nähere Beachtung.

## Tischgespräche

Die folgenden virtuos dargestellten »Tischgespräche« geben dem neugierig lauschenden Hans Castorp nähere Auskunft über Madame Chauchat. Sie ist mit einem russischen Beamten verheiratet, »in einem ganz entlegenen Gouvernement, Daghestan«. Am achten Tag verrät die Lehrerin am Tisch den Vornamen der Madame: Clawdia. Zu seinem unablässigen Herzklopfen gesellt sich bei Hans ein besonderes Gefühl – ganz offenbar ist er verliebt.

## Aufsteigende Angst. Von den beiden Großvätern und der Kahnfahrt im Zwielicht

Wer liebt, will mehr. In der zweiten Woche unternimmt Hans Castorp allerlei, um eine direkte Begegnung mit Clawdia Chauchat herbeizuführen. So verstrickt er sich immer mehr in den Bann, dem das Leben »Derer hier oben« im Gegensatz zum mittlerweile als »verkehrt« bezeichneten Flachland unterliegt. In der sich immer weiter anbahnenden Beziehung zu Madame Chauchat sieht er freilich nur ein »Ferienabenteuer«, während bei Joachim sich die Angst verstärkt, vielleicht doch nicht mehr vom Zauberberg herunterkommen zu können. Dann hat der »Oppositionsmann, Windbeutel und ›homo humanus‹« Settembrini seinen ersten längeren Auftritt.

Er kommt über seinen revolutionären Großvater, der Hans an den eigenen Großvater und eine merkwürdig zweilichtige Kahnfahrt denken lässt, auf »zwei Prinzipien im Kampf um die Welt« zu sprechen und benennt mehrere Gegensätze: »(...) die Macht und das Recht, die Tyrannie und die Freiheit, der Aberglaube und das Wissen«, Beharren und Fortschritt. Die westliche Aufklärung werde gegenüber der östlichen Doktrin obsiegen, die Monarchie dagegen einst durch »die heilige Allianz der bürgerlichen Demokratie« abgelöst. Das seien die Ideen des Humanismus als der »Liebe zum Menschen«. Humanismus und Politik wiederum würden vereint im Wort, in der Literatur: »Alle Sittigung und sittliche Vervollkommnung entstamme dem Geist der Literatur, diesem Geiste der Menschenehre, welcher zugleich auch der Geist der Humanität und Politik sei.« Hans Castorp hört das alles wohl, denkt aber auch an den Gegensatz zu diesem Idealismus, denkt zudem an »Clawdia Chauchat, – schlaff, wurmstichig und kirgisenäugig« und an das Zwielicht der einstigen merkwürdigen Kahnfahrt.

## Das Thermometer

Die Zeit vergeht – der finanziell nicht ungünstige Aufenthalt neigt sich dem Ende zu. Am Freitag der dritten Woche denkt Hans Castorp an die Abreise und überdenkt die so rasch verflogene »Ferienzeit«.

Freilich hat er sich ein wenig erkältet. Und als er wieder, fest eingepackt, im Liegestuhl auf dem Balkon »die ansprechendste Lebenslage« auskostet und aus dem Tal herauf Opernfragmente hört, klopft die Schwester Oberin wie das Schicksal an seine Tür. Eine Erkältung sei das nicht, was er habe; das sei ein »Katarrh der Luftwege«, eine Infektion, für die er, wie sie sagt, »aufnahmelustig« gewesen sei. Sie verkauft ihm ein Thermometer, Hans Castorp misst sich das erste Mal – und hat Temperatur: 37,6 Grad.

Über Neckereien am Tisch und dann vor allem durch die Untersuchung am Samstag durch Hofrat Behrens verwandelt sich der Besucher Hans Castorp in einen Patienten. Dr. Krokowski schüttelt ihm anerkennend die Hand.

**Thomas Mann: Selbstkommentar**
**Tagebuch, München, 14. November 1919**

»Beendete das IV. Kapitel des Zbg. mit der Unterschungsscene und Castorps Aufnahme. (...) Las nach dem Thee und nach dem Abendessen K.[atia] alles neu Geschriebene vor. Problematisch in künstlerischer Beziehung die Lehren Settembrini's. Sie sind es aber auch in geistiger Hinsicht, weil sie, obgleich nicht ernst genommen, das sittlich einzig Positive und dem Todeslaster Entgegenstehende sind. Andrerseits beruht die geistige Komik des Romans auf diesem Gegensatz von Fleischesmystik und politischer Tugend. Übrigens gestehe ich mir, daß ich das Buch jetzt auf denselben Punkt gebracht habe, auf dem der ›Hochstapler‹ nicht zufällig stehen geblieben ist. Eigentlich habe ich meinen Sack gelehrt. Die Dichtung hat zu beginnen. Incipit ingenium.«

# Fünftes Kapitel

## Ewigkeitssuppe und plötzliche Klarheit

Der namentlich auftretende Erzähler teilt zu Beginn, unter Bezug auf den mit dem Ersten Kapitel begonnenen »Rechenschaftsbericht über die ersten drei Wochen von Hans Castorps Aufenthalt bei denen hier oben« mit, dass die Zeit nun schneller vergehen werde. Am Ende des Kapitels werden tatsächlich sieben Monate vergangen sein.

Hans Castorp ist also Patient geworden und muss ins Bett. Die Zeit vergeht ihm nicht, sie wird ihm zur »Einerleiheit«, zu einem »stehenden Jetzt« (dem *nunc stans* des Boëthius) oder ganz einfach zur »Ewigkeit«. So dehnt sich die Mittagssuppe zur »Ewigkeitssuppe« aus, aber Hans Castorp hofft zugleich auf baldige Erholung.

Die Tage vergehen im etablierten Gleichmaß. Am Sonntag ist wieder Kurkonzert, und am Montag muss Joachim seinem Vetter vom neuesten Vortrag Dr. Krokowskis erzählen: Liebe als »Selbstvergiftung des Organismus«, ein Thema, wie Hans richtig sieht, ganz aus der Welt der »Sagenbücher«. Am Dienstag ist der »Abenteurer« Hans Castorp dann drei Wochen da, schildert seinem Onkel brieflich den Stand der Dinge und beobachtet, immer wieder von Joachim besucht, den Ablauf der »vielfach in kurze Stückchen geteilten« Tage. Die endgültige Erhebung Hans Castorps in den Ritterstand der Patienten ist dann die Visite des über den Balkon hereinschwebenden Dr. Krokowski.

Die Tage zerbröckeln, werden zehn oder zwölf, ganz gleich. Da bekommt Hans Castorp Besuch von Settembrini, der den Novizen im Zauberberg-Kloster aparterweise als »junges Nönnlein« begrüßt. Sie kommen angeregt ins Gespräch, beziehen ihre Positionen als »Schalk« Castorp auf der einen Seite, als »Kritiker und Zweifler« Settembrini auf der anderen. Ihre Themen sind die als Handel maskierten Lockmethoden des Zauberbergs, die photographischen Aufnahmen der Lunge, das Phlegma der Norddeutschen, der Reichtum. Settembrini mahnt, das Leben hier oben sei besonders für junge Leute sehr gefährlich, denn wer nur noch »Flirt und

Temperament« im Kopf habe, sei für das Leben im Flachland auf immer verdorben.

Aber die Begegnung mit dem Tode, wendet Hans Castorp ein, verändere doch die Wertsetzungen. Gewiss, meint Settembrini, nur dürfe Hans nicht vergessen, dass der Tod die »heilige Bedingung des Lebens« und nicht etwas von ihm Geschiedenes sei. Schließlich bietet Settembrini seinem Schützling an, ihn bei seinen weiteren geistigen Experimenten begleiten zu wollen. Hans Castorp nimmt freudig an.

Wieder vergeht die Zeit, kaum spürbar. Mitte September gibt es eine Reihe schönster Tage, die unversehens wieder in schlechtes Wetter umschlagen. Nach drei Wochen Liegekur hat es Hans Castorp nur seiner eigenen Initiative zu verdanken, den Hofrat auf den Ablauf der Kur aufmerksam zu machen und wieder aufstehen zu dürfen.

## »Mein Gott, ich sehe!«

Im Speisesaal ist Hans Castorp kaum vermisst worden; die Patienten mit ihrer je nach Schwere des Krankheitsfalles geradezu aristokratischen Rangordnung bemerken eine solch kurze »Zwischenzeit« von nur drei Wochen nicht mehr.

Die »Verliebtheit« des Helden in Madame Chauchat hat sich unterdessen verstärkt. Er erfährt über sie, dass sie etwa 28 Jahre alt sei, »öfters Herrenbesuch empfange«, aber nicht besonders krank sei und von Hofrat Behrens, einem künstlerischen Dilettanten, in Öl gemalt werde. Ein Nebenbuhler aus Mannheim verstärkt Hans Castorps Gefühlsregungen, sein Fieber steigt.

Nach acht Tagen darf Hans Castorp zusammen mit Joachim »in das falsche Kellergeschoss ›hinab‹«, wie es ausdrücklich heißt, zur Röntgenaufnahme ins spukhafte Arztzimmer gehen. Dort stellt sich überraschenderweise auch Clawdia Chauchat ein, und es kommt zu einem Wartezimmergespräch mit Joachim. Noch benommen von Clawdias Stimme, werden die »Dioskuren! Castorp und Pollux« von Behrens eingelassen in das Photoatelier, das eher einer »Erfinderwerkstatt und technischen Hexenoffizin« gleicht.

Es ist Zauberwerk, was da vorbereitet wird; und als Hans Castorp »durch das bleiche Fenster« direkt in Joachims Brust hinein sehen kann, erblickt er mit Schaudern »Joachims Grabesgestalt und Totenbein«. Er sieht den Lebenden tot, so wie er umgekehrt, viele Jahre später, im Abschnitt »Fragwürdigstes« des Siebenten Kapitels den längst toten Joachim während einer spiritistischen Sitzung als lebend wahrnehmen wird. Als er bei der eigenen Durchleuchtung in seine Hand schauen kann, sieht er zudem »in sein eigenes Grab«. Hofrat Behrens bestätigt den »Einschlag von Spukhaftigkeit« bei diesem Vorgang – wir sind eben in einer Hexenküche.

## Freiheit

Mit Blick auf den Kalender lässt sich errechnen, dass Hans Castorp sich am 26. September 1907 wieder auf ein Gespräch mit Herrn Settembrini einlässt. Wieder warnt der Pädagoge anlässlich der Verbindung von Krankheit und Liederlichkeit vor der Verselbständigung geistiger Mittel wie Ironie, Paradox, Analyse. In einem Brief an seinen Onkel sagt sich Hans Castorp ganz vom Leben im Flachland los; seine Entscheidung für den Zauberberg befestigt die von ihm so empfundene »Freiheit« – Settembrini würde sie allerdings Gefangenschaft nennen.

**Die Zeit**

»Der Oktober brach an, wie neue Monate anzubrechen pflegen, – es ist an und für sich ein vollkommen bescheidenes und geräuschloses Anbrechen, ohne Zeichen und Feuermale, ein stilles Sicheinschleichen also eigentlich, das der Aufmerksamkeit, wenn sie nicht strenge Ordnung hält, leicht entgeht. Die Zeit hat in Wirklichkeit keine Einschnitte, es gibt kein Gewitter oder Drommetengetön beim Beginn eines neuen Monats oder Jahres, und selbst bei dem eines neuen Säkulums sind es nur wir Menschen, die schießen und läuten.« Beginn des Abschnitts »Launen des Merkur« (5.1, S. 343).

## Launen des Merkur

»Merkurius« – so wird auf dem Zauberberg die wandelbare Quecksilbersäule im Thermometer. In den römischen Gott Merkur (griechisch Hermes) mit Flügelhelm und Flügelschuhen, den Patron aller ambulanten Lebensformen, der Kaufleute, der Reisenden, aber auch der Diebe verwandelt sich Hans Castorp im Maße seiner ins Rauschafte gesteigerten »Verliebtheit«. Jedes Detail der von seiner Geliebten Venus berührten Welt blüht in ihm auf.

Nichts Besonderes ist dieser Zustand, doch er gedeiht »auf sonderbarer Grundlage«. Hans Castorp ringt um Anerkennung, nicht nur der Geliebten, sondern der Zauberberg-Gesellschaft insgesamt. Ist er vielleicht doch nur ein beliebiger Emporkömmling, dessen Fieber nicht mehr steigt? An einem Herbstmorgen gelingt es ihm, den »Bann«, der ihn vom Glück abhält, zu brechen. Auf einem Spaziergang mit Joachim überholt er die vor ihm gehende »liebliche Kranke« auf »Flügelsohlen«, wünscht ihr einen guten Morgen und empfängt ihre freundliche Antwort – das ist die erhoffte »zarte Erlösung«, die tatsächlich aber nur eine tiefere Verstrickung in den Bann des Zauberbergs bewirkt: Hans denkt an die Liebesarie aus Bizets Oper *Carmen*, und seine Temperatur steigt am Abend auf 38 Grad.

## Enzyklopädie

Wer sich, wie Settembrini, um die Gesamtheit des Wissens, um die allumfassende Erziehung, um die Enzyklopädie bemüht, dem stoßen die zeitvergeudenden Liebeständeleien der jungen Leute besonders sauer auf. So schnappt er sich seinen Schützling am Sonntagnachmittag an der Poststelle, wo Hans Castorp ein wenig auf eine Begegnung mit Clawdia gehofft hat.

Am Verhältnis zur Zeit entwickelt er zunächst den Unterschied zwischen westlicher Zivilisation und östlicher Barbarei. Dann erläutert er die postalisch erhaltenen Papiere. Er engagiert sich in einem internationalen Fortschritts-Bund zur umfassenden Weltverbesserung. Geplant ist eine mehrbändige »Soziologie der Leiden«, da »alle Leiden des Individuums Krankheiten des sozialen Organismus sind«. Settembrini soll dabei die »Meisterwerke der

Weltliteratur« entsprechend den jeweils dargestellten Konflikten untersuchen und zusammenfassen. Da er auf diese Weise seiner Krankheit trotzt, appelliert er an den jungen Castorp, seine Zeit ebenfalls besser zu nutzen, so bald wie möglich abzureisen und im Flachland wieder zum tätigen Leben zurückzukehren.

Darüber kommt es zu einem kleinen Zwist, in dessen Verlauf Settembrini nochmals seine Auffassungen erklärt: Den Geist gegen alle Anfeindungen der Krankheit und der Liederlichkeit zu behaupten, ganz im Geiste Voltaires, der einst sogar gegen das Erdbeben von Lissabon protestiert habe. Der Körper sei zu achten als Mittel zu tätiger »Bewegung zum Lichte«, zu verabscheuen dagegen als »Prinzip der Krankheit und des Todes«.

## Humaniora

Menschliches, allzu Menschliches kommt zur Sprache. Es ist Oktober auf dem Zauberberg, gut siebzig Tage steht Hans Castorp schon in seinem Bann. Mit Hofrat Behrens tauscht er sich auf der Terrasse über die Vorzüge des Zigarrenrauchens aus. Hans Castorp lenkt das Gespräch geschickt auf die Malerei des Arztes, was zu einer sofortigen Einladung in dessen Wohnung führt.

Hans Castorp weiß, was er will. Das Porträt der Madame Chauchat bedarf einer genaueren Betrachtung, auch wenn es nur dilettantisch gemalt ist. Sie, die geliebte Frau, ist da, und das genügt ihrem Bewunderer vollauf. Wissenschaftlicher Realismus und lebendige Genauigkeit der Darstellung verleihen dem Porträt eine zauberhafte Lebendigkeit. Am meisten beeindruckt »Frau Chauchats Dekolleté«. Der Arzt gibt seine Kenntnisse der Verhältnisse unter der menschlichen Haut zum Besten und wird zu seinem Erstaunen von Hans Castorp in einer längeren Rede als Humanist gepriesen. Wunderbar kontrastieren mit diesem idealistischen Pathos die nüchternen anatomischen Ausführungen des Arztes. Hans Castorp erfährt, wie man rot wird, wie man eine Gänsehaut bekommt, gleichgültig aus welchem Anlass: »Reiz ist Reiz.« Über die Lymphe und das Wasser kommt die Rede auf den Tod und den Zerfall. »Leben ist Sterben«, lautet zuletzt die Formel des Arztes.

## Forschungen

Derart angeregt unternimmt der Studiosus Hans Castorp Anfang November – der Winter ist schon da, im Zimmer herrschen 5 Grad – eigene Forschungen in seinem Liegestuhl. Aus der Anstaltsbücherei hat er sich einen Stapel unhandlicher Bücher ausgeliehen, »Lehrwerke (...) der Anatomie, Physiologie und Lebenskunde«. Die Frage, die er sich stellt, lautet ganz einfach: »Was war das Leben?« Zweimal wird diese Frage im folgenden Exkurs wiederholt, einmal heißt es »Man wußte es nicht« und dann »Niemand wußte es«, bis sie schließlich so beantwortet wird: »Es war Wärme, das Wärmeprodukt formerhaltender Bestandlosigkeit, ein Fieber der Materie«, ein fiebriger »Prozeß von Zerfall und Erneuerung mit süß-schmerzlich-genauer Not auf dem Punkte des Seins Balancierenden«. Form und Schönheit sind dabei getragen »von der auf unbekannte Art zur Wollust erwachten Substanz, der organischen, verwesend-wesenden Materie selbst, dem riechenden Fleische«.

Das »Bild des Lebens« ist für Hans Castorp, wie könnte es anders sein, Madame Chauchat. Er fragt sich durch alle Aspekte des menschlichen Körpers, liest über Knochen, Stoffwechsel, Nervenfunktionen, begreift Schweiß, Fieber, Gedächtnis als vielfach aufgebaute »Lebenseinheiten«, versteht das Atom als »energiegeladenes kosmisches System« und lernt die Krankheit als »unzüchtige Form des Lebens» kennen. Aber am Ende erscheint ihm das geliebte »Bild des Lebens«, wie es sich in all seiner Schönheit über ihn neigt und ihn küsst.

## Totentanz

Nach so viel Theorie meldet sich die Praxis mit einer Reihe veritabler Todesfälle zurück. Weihnachten kommt herbei, das im Gleichmaß der Berghof-Tage keine große Störung darstellt, auch wenn Settembrini ein wenig ketzerisch bemerkt, das Leben Jesu und der Siegeslauf seiner Lehre stünden für die »individualistische Demokratie«.

Hans Castorp erfreut sich am ersten Weihnachtstag an einem Liederabend. Nach dem zweiten Feiertag stirbt jedoch der erste Patient, genannt der »Herrenreiter« nach langem und, dank erheblicher Mengen an Sauerstoffflaschen, auch teurem Todeskampf. Hans Castorp schafft es, den Toten in Augenschein nehmen zu dürfen und ist dabei, wie es heißt, »in mehr als einer Beziehung in seinem Elemente«.

Anschließend spricht er mit Joachim über Menschenwürde und Moral, die Settembrini beide gepachtet zu haben scheine, während Joachim als Soldat und Hans als Zivilist doch ebenfalls wüssten, was das heiße, und den Beweis dafür leicht antreten könnten. Hans schlägt vor, aus der Anonymität herauszutreten, die Sterbenden zu besuchen und ihnen Blumen mitzubringen. Das Vorhaben verstößt zwar, wie Joachim weiß, gegen die Hausordnung, findet aber fast durchweg lebhaften Beifall.

Für Hans Castorps Forschungen sind die Besuche von großem Gewinn, erst recht, als Hofrat Behrens ihn zu einer Patientin mitnimmt. Nur Settembrini durchschaut Hans Castorps neugierige Absichten und nennt ihn ein »Sorgenkind des Lebens«. Doch Hans und Joachim setzen ihre Besuche fort. Besonders kümmern sie sich um die 19-jährige Karen Karstedt, gehen mit ihr in dieser Wintersportzeit auch hinaus, zum Schlittschuhlaufen, »zum Bobsleighrennen«, und schauen mit ihr die »Schattenbilder« eines »Bioskop-Theaters« oder frühen Kinos an. Diese ausführlich geschilderte Geistererscheinung findet später eine Entsprechung in einer spiritistischen Séance im Abschnitt »Fragwürdigstes« des Siebenten Kapitels.

Hans und Joachim wandern mit Karen zum Friedhof, auf dem sie ebenfalls bald liegen wird, und stehen dort zu dritt vor den Gräbern der meist jungen, tugendlosen Welt, die auf dem Zauberberg nun »zur horizontalen Daseinsform endgültig eingekehrt« sei.

## Walpurgisnacht

Märchenhafte sieben Monate sind seit der Ankunft Hans Castorps auf dem Zauberberg Anfang August 1907 vergangen. An Faschingsdienstag, dem 3. März 1908, steigt das große Faschingsfest im Sanatorium. Es ist eine Hexennacht, durch einige, von Settembrini vermittelte Zitate stark angelehnt an die »Walpurgisnacht« in Goethes *Faust I*.

Im aufgeregten Faschingstreiben fällt Madame Chauchat durch ein verführerisch freizügiges Kleid und einen dreispitzigen Papierhut auf. Settembrini warnt Hans Castorp, Goethe im Duzton zitierend, vor Lilith, Adams erster Frau. Darüber entspinnt sich ein kleiner Disput über das Duzen, an dessen Ende Hans Castorp eine große Dankesrede an den darüber erstaunten Pädagogen Settembrini richtet.

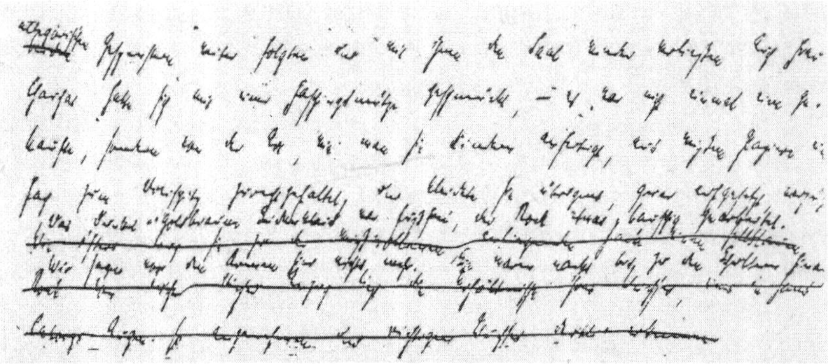

Passage aus dem Fünften Kapitel, Abschnitt »Walpurgisnacht«: »[Clawdia Chauchat (...) strich (...) in ihrem neuen Kleid an Hans Castorps Tische vorbei (...), während ihre Begleiter den] allegorischen Gespenstern weiter folgten und mit ihnen den Saal verließen. Auch Frau Chauchat hatte sich mit einer Faschingsmütze geschmückt, – es war nicht einmal eine gekaufte, sondern von der Art, wie man sie Kindern anfertigt, aus weißem Papiere einfach zum Dreispitz zurechtgefaltet, und kleidete sie übrigens, quer aufgesetzt, vorzüglich. Das dunkelgoldbraune Seidenkleid war fußfrei, der Rock etwas bauschig gearbeitet. Wir sagen von den Armen nichts mehr. Sie waren nackt bis zu den Schultern hinau[f.]« (5.1, S. 496) Gestrichen wurde die Zeile mit Clawdia Chauchats anfänglicher Kleidung: »Wie öfters trug sie zu der weißwollenen anliegenden Jacke einen hellblauen Rock (...).«
Abb. in: Hermann Ungar: Was die Manuskripte des Dichters verraten. Ein Blick in die Werkstatt Thomas Manns. In: Die Literarische Welt, Berlin, Jg. 1, Nr. 4 vom 30. Oktober 1925, S. 2.

Das lustige Gesellschaftsspiel »Schweinchen zeichnen mit geschlossenen Augen« führt zu einer kleinen Frage mit großer Wirkung. Als Hans an der Reihe ist, fehlt ihm ein Bleistift; er steht auf, geht zu Clawdia und fragt sie schicksalsschwer und ebenfalls im Duzton, ob sie nicht vielleicht einen für ihn habe. Sie reicht ihm einen Drehbleistift und erklärt ihm die Mechanik. Aber als Hans sie überraschend zum Zeichnen auffordert, hat die Gesellschaft den Tisch schon weggetragen, um eine Tanzfläche zu schaffen. Das gibt Hans Gelegenheit, mit Clawdia ein längeres Gespräch zu beginnen.

In einer Mischung aus Deutsch und Französisch sprechen sie über deutsche Ordnung, über die fragwürdige Freiheit, über Behrens' Clawdia-Porträt und sehen dem Tanzen zu. Sie setzen ihr Gespräch auf Französisch fort, Clawdia nennt Hans einen Bürger, Humanisten und Dichter, einen Deutschen, wie er sein solle. Hans Castorp fühlt sich dagegen im Französischen freier, es ist für ihn ein »parler sans parler« (sprechen ohne zu sprechen).

Dann teilt Clawdia ihrem Verehrer mit, sie reise ab; sie sei jetzt wieder ein Jahr hier und brauche Luftveränderung. Hans ist alarmiert, er nimmt jetzt allen Mut zusammen, spricht über den moribunden Joachim, der bald sterben werde, fragt Clawdia weiter aus und erfährt das Paradox, dass die Moral in der Sünde zu suchen sei. Clawdia nimmt ebenfalls kein Blatt vor den Mund und sagt Hans, was er, aus ihrer Sicht, eigentlich sei: Ein kleiner Bürger, der sich in höhere Regionen verstiegen habe. Das stachelt ihn, der ihr soeben erklärt hat, dass er sie nie mehr siezen werde, nur noch mehr an und er gesteht ihr endlich in einem Überschwang des Gefühls seine Liebe: Körper, Liebe und Tod seien eins.

Da bekommt er von der lächelnden Göttin Clawdia-Venus als »prince Carnaval« die Papiermütze aufgesetzt. Sie steht auf und geht davon, nicht ohne ihm zu sagen, er solle nicht vergessen, ihr den Bleistift wieder zurückzugeben.

Mit Madame Chachauts mehrdeutiger Mahnung endet Kapitel Fünf. Was folgt, ist eine geheimnisvolle Liebesnacht, von der erst später und nur durch Andeutungen etwas bekannt wird. Geschrieben wurde dieser Schluss Anfang Mai 1921 im Feldafinger »Villino«. Damit schließt zugleich der erste Band der zweibändigen Erstausgabe des *Zauberberg* (1924).

## Der Fasching

Thomas Manns Freund Georg Martin Richter, der »Villino«-Richter (vgl. S. 19), debütierte literarisch als Student unter dem Pseudonym Georg Thorland mit dem Fastnachts-Schauspiel *Der Fasching. Szenen aus dem Münchener Leben* (Berlin und Leipzig, 1903). Thomas Mann hat das Stück bald nach Erscheinen in einem Brief an Richter vom 9. Dezember 1903 als »starkes und liebenswürdiges Buch« bezeichnet und später Motive daraus als heimliche Hommage an seinen Gastgeber in die »Walpurgisnacht« eingebaut.

Angelehnt an Frank Wedekinds Hochstapler-Komödie *Der Marquis von Keith* (1901) (ursprünglicher Titel »Münchner Scenen. Nach dem Leben aufgezeichnet«, 1900), entwickelt Thorland-Richters *Fasching* geradezu eine *Zauberberg*-Dynamik im tragischen Konflikt von Lebenslust und Moral. *Der Fasching* hat fünf Akte: »Bal paré im Deutschen Theater«, »Intérieur«, »Variété«, »Fastnacht im Café Luitpold« und »Aschermittwoch«. Der Legationsrat Arthur Wolter ist bereit, für seine neue Liebe Mona ein neues Leben anzufangen; Voraussetzung dafür ist aber unbedingte ›Reinheit‹ der Frau. Da Mona diese Bedingung wegen einer früheren Liebschaft nicht erfüllen kann, erschießt sie sich am Ende in Hamlet-Pose.

*Zauberberg*-Motive gibt es demnach in dem Stück zuhauf. So fragt Dr. di Sombresanti, Vorgänger Wolters als Liebhaber Monas, den noch ahnungslosen Legationsrat zu Beginn beim Bal paré im Deutschen Theater ganz im Stil Settembrinis: »Na, wie gefällt's Ihnen im Venusberg?« Zahlreich sind die Bezüge zwischen Drama und Roman in dem teilweise auf Französisch geführten Liebesgespräch am Ende der »Walpurgisnacht«. Wie ihre dramatischen Vorgänger unterscheiden Hans Castorp und Clawdia Chauchat zwischen »morale« (»La morale? Cela t'intéresse?«) und »folie«. Wenn Clawdia Chauchat am Ende Hans Castorp ihre Papiermütze aufsetzt und ihn zum »›prince Carnaval‹« (sic) ernennt, hat diese Szene sogar einen wörtlichen Vorläufer in dem Moment, wenn Mona, von Arthur zur »Göttin Tulipan« ernannt, ihn wiederum in den Grafenstand erhebt: »*Arthur*. Wenn Prinz Carneval es erlaubt ... *Mona*. In den Grafenstand der Narrheit und der Liebe.«

Noch weitere Motive ließen sich nennen, französische Parolen, die freie Liebe, Zigarren und vor allem die Duellforderung zwischen Arthur und seinem Nebenbuhler von Wyseczki am Schluss des Dramas – Thorland-Richters *Fasching* ist eine ganz besondere *Zauberberg*-Quelle (vgl. Dirk Heißerer (Hg.), Thomas Manns »Villino« in Feldafing am Starnberger See. München 2001, S. 44–48).

# Sechstes Kapitel

## Veränderungen

Die beiden letzten Kapitel des Romans, so umfangreich wie die bisherigen fünf, umfassen in der zweibändigen Erstausgabe einen eigenen Band. Geschrieben wurden sie von Oktober 1921 bis zum September 1924 und sind somit der Nachkriegs-*Zauberberg*. Die erzählte Zeit geht über sechseinhalb Jahre, von Fasching Anfang März 1908 bis zum Kriegsausbruch Anfang August 1914 – und allein diese beiden Eckdaten lassen erkennen, wie sehr der Roman durch allmähliche »Veränderungen« zur Krankengeschichte einer Epoche wird, die im Weltkrieg als dem »Weltfest des Todes« – so der Schlusssatz des Romans – untergeht.

»Was ist die Zeit?« So geht es los – Hans Castorp fragt weiter, vor allem, nachdem seine geliebte Madame Chauchat im Anschluss an die gemeinsame Nacht abgereist ist, nicht ohne ihm vorher noch das Röntgenbild ihres Oberkörpers überlassen zu haben.

Bald ist es dann schon wieder sechs Wochen her, seit Madame Chauchat als »Genius des Ortes« ihre leibliche mit der photographischen Existenz vertauscht hat. Da wird es Joachim, der schon über ein Jahr ohne nennenswerte Besserung auf dem Zauberberg verbracht hat, zu bunt. Er will weg, hinunter ins Flachland, zurück zum Militär, und koste es ihn das Leben. Anlässlich einer Injektionsbehandlung bittet Hofrat Behrens Hans Castorp, dem Vetter sein Ansinnen auszureden. Bei dieser Gelegenheit sprechen die beiden auch angelegentlich über Madame Chauchat.

An Ostern kommt Hans wieder länger mit Herrn Settembrini ins Gespräch. Vergeblich, klagt der, habe er Hans Castorp am Faschingsdienstag vor dem Verhängnis gewarnt, durch den Biss in den Granatapfel endgültig dem Schattenreich zu verfallen. Übrigens ist er aus dem Sanatorium ausgezogen und wohnt jetzt in Davos Dorf, im Hause eines Gewürzkrämers, beim Damenschneider Lukaček.

Zur Zeit der Schneeschmelze verlassen viele Patienten den Zauberberg, gegen alle Ratschläge. Ein Patient jedoch, Anton Karlowitsch Ferge (Ferge meint Bote, Lotse), wird als dramatisch gefährdeter Pneumothorax-Patient wider Erwarten wieder gesund. Die Lücken an den Tischen im Speisesaal werden größer; das Klima wirft Blüten und Schneeflocken durcheinander; so wird es Mai.

Dr. Krokowskis Vorträge zum Thema »Liebe und Tod« behandeln nun Pilze. Und Joachim beobachtet verwundert, empfindet es gar als Verräterei, dass sein Vetter zu privaten Audienzen in »Dr. Krokowskis analytischer Grube« verschwindet.

## Noch jemand

Zur Zeit der Sommersonnenwende hat sich Hans Castorp geistig weitgehend befreit. Tagsüber pflückt er nicht nur die Blumen am Berghang, er betrachtet sie auch genau. Abends beobachtet er »die Gestirne« und erläutert Joachim den von den Chaldäern, dem alten »Zauberervolk«, erfundenen Tierkreis. Er spottet über die Paradoxie der Sonnwendfeiern, weil im Juni kalendarisch doch bereits der Herbst wieder beginne, dagegen mitten im Winter ahnungsweise der Frühling neu ansetze.

Unterwegs auf der Hauptstraße begegnen die Vettern Herrn Settembrini, der sich angeregt mit einem Fremden unterhält. Es ist Leo Naphta, ein ehemaliger Professor für alte Sprachen, seit fünf Jahren auf dem Zauberberg und ebenfalls Untermieter beim Damenschneider Lukaček. Naphtas Name bedeutet Steinöl, flüchtiges Erdöl, und vielleicht ist deshalb sein Äußeres von »ätzender Häßlichkeit«. In den Disputen mit dem Humanisten Settembrini zeigt sich Leo Naphta als dessen gnadenloser sophistischer Gegner, geradezu als Widersacher des Widersachers, der dann, beinahe notgedrungen, ein böses Ende nimmt.

Miteinander bekannt gemacht, unternehmen die vier Männer einen Gang »in unregelmäßiger Reihe«, auf dem ausführlich Grundthemen der abendländischen Geistesgeschichte besprochen werden. Es geht los mit Monismus gegen Dualismus, Bernhard von Clairvaux' »Ruhebett« für den obersten Stand und Lao-Tses »Nichtstun«, Okzident gegen Orient.

Das »Ruhebett« vergleicht Hans Castorp naiv mit dem Liegestuhl auf dem Zauberberg und handelt sich damit eine Rüge Settembrinis ein. Weiter geht's. Waren Mönche faul oder fleißig? Ist der Soldatenstand »geistig indiskutabel« oder ist seine strenge

Hierarchie die einzige Voraussetzung für den »Homo Dei« der Jesuiten (deren Orden ja militärähnlich, mit einem General an der Spitze, strukturiert ist)?

Die Rede kommt auf den Krieg. Leo Naphta erkennt in den demokratischen Anstrengungen die letzten Regungen eines zum Untergang verurteilten »Weltsystems« und sieht die Katastrophe unausweichlich kommen. Die »kapitalistische Weltrepublik» ist am Ende, meint Naphta; es gehe nun um die »Wiederherstellung des Gottesstates« – alle Idealismen und bürgerlich-humanistischen Appelle Settembrinis (Demokratie, Türkeifrage) prallen an dieser Sichtweise ab. Zuletzt behauptet Leo Naphta zynisch, der Krieg sei das beste Mittel für »die Ertüchtigung und sogar gegen den Geburtenrückgang«. Am Wohnhaus der Kontrahenten angekommen, lädt Naphta die Vettern überraschend freundlich zu weiteren Besuchen ein.

Wieder allein, überlegen die beiden, was die Bezeichnungen »erster Scholastiker« (wie Settembrini Naphta nannte) und »Meister vom Stuhl« (wie Naphta Settembrini nannte) bedeuten könnte. Joachim staunt über die Gescheitheit seines Vetters, der den Unterschied der Kontrahenten als den zwischen »der bürgerlichen Weltrepublik« und dem »hierarchischen Kosmopolitismus« auf den Punkt bringt. Beide Anschauungen sind für Joachim jedoch »Konfusion« und können ihn als Zeichen der fundamentalen »Weltentzweiung« nicht überzeugen.

## Vom Gottesstaat und von übler Erlösung

Hans Castorp zieht sich immer wieder gern auf seine Bank am Waldrand zurück, um dort allein, umgeben von der Akelei, der blauen Blume der Romantik, alles zu überschauen, zu überlegen, zu, wie er es für sich nennt, »regieren«.

Nach dem Absetzen der Injektionen hat sich der Patient weitgehend akklimatisiert und sinniert weiter dem »Hochgebild organischen Lebens«, der »Menschengestalt« nach. Der Begriff »Homo Dei« dafür interessiert ihn so sehr, dass er, zusammen mit Joachim, seinem neuen Bekannten Leo Naphta bald einen Besuch abstattet. Überrascht finden sie sich in einem in Seide ausgeschlagenen, luxuriösen Arbeitszimmer wieder mit einer grotesken romanischen

Pietà-Holzplastik, für Naphta die »radikale Verkündigung des Leidens und der Fleischesschwäche«.

Herr Settembrini kommt dazu, und bald entwickelt sich wieder ein Streitgespräch mit seinem Nachbarn. Naphta bestreitet die reine Erkenntnis, die »objektive, die wissenschaftliche Wahrheit«, die Settembrini zur Voraussetzung der Sittlichkeit erhebt. Für Naphta ist der »Glaube das Organ der Erkenntnis und der Intellekt sekundär«.

Settembrini warnt vor dem drohenden Verhängnis, wenn diese Haltung »ins Politische« übertragen wird. Während Settembrini in der Demokratie die »individualistische Korrektur jedes Staatsabsolutismus« sieht und sich für »Persönlichkeit, Menschenrecht, Freiheit!« stark macht, hält Naphta dagegen den »Terror« für »das Gebot der Zeit«. Mit dem Mittel der Gewalt will er, gegen die kapitalistischen Entwicklungen und in kommunistischer Tendenz, den ursprünglich gewaltlosen Zustand »der staats- und klassenlosen Gotteskindschaft« wiederherstellen. Settembrini kritisiert, dieser »christliche Kommunismus« verneine Fortschritt, Freiheit und Persönlichkeit; Naphta kontert, was das denn für eine Freiheit sei, die »mit der Satansherrschaft des Geldes, des Geschäfte« erkauft sei.

Settembrini bricht den Besuch hier ab und zieht seine jungen Freunde mit sich. Er zeigt ihnen seine beiden merkwürdigen Dachkammern (»Studio und Schlafkabinett«, wie Thomas Mann sie im »Villino« bewohnte) und geleitet sie zum Berghof zurück. Zugleich warnt er sie vor Leo Naphta, der, wie Hans Castorp bemerkt, in merkwürdigem Gegensatz zu seinen asketischen Idealen wohne. Als er dazu erfährt, dass Leo Naphta Jesuit sei, horcht er auf. Er fragt, ob Naphta mit seinen Thesen »über den modernen Kommunismus und über den Gotteseifer des Proletariats« den Segen seines Ordens habe, und erfährt von Settembrini, dass sein Kontrahent zwar in erster Linie Jesuit, in zweiter aber auch ein »Mann von Geist« sei, der die Auseinandersetzung lohne.

Dennoch wiederholt er seine Warnung vor ihm, verschärft sie noch durch den Hinweis, Naphtas Gedanken zielten nicht auf »die Erlösung vom Übel« als vielmehr auf »die üble Erlösung«, auf die Erlösung von »Zucht und Haltung«, auf die Befreiung »zur Wollust«, vor allem deshalb, weil sie unter der Herrschaft des Todes stünden. Beeindruckt lässt er die Vettern zurück.

## Jähzorn. Und noch etwas ganz Peinliches

So wird es wieder August; Hans Castorp vollendet sein erstes Jahr auf dem Zauberberg. Joachim ist bereits anderthalb Jahre dort, und der ständige Wetterwechsel, das ewige Gleichmaß, verdrießen ihn immer mehr. Eines Tages reicht es ihm, er sagt »Schluß!« und will abreisen. Bei der routinemäßigen »Monatsuntersuchung« im Souterrain der Ärzte kommt es zum Eklat. Als Hofrat Behrens Joachim erneut ein halbes Jahr zumisst, fasst sich der junge Mann ein Herz und verkündet, auf eigene Gefahr abreisen zu wollen.

Behrens, bereits gereizt durch die skandalöse Affäre eines Liebestrios, die er während der Aushorchung Joachims sarkastisch kommentiert hat, nennt das Ansinnen zwar »Desertion«, gibt ihm aber »ohne Garantie« statt. Kurz entschlossen entlässt er auch Hans Castorp, der aber will gar nicht weg. Da bricht beim Hofrat der Jähzorn aus und er wünscht die Vettern »zum Kuckuck«, bevor er die Tür krachend hinter sich zuschlägt, – ein Abgang, der Joachim Kaiser an Wotans Wutanfall im zweiten Akt der Oper *Die Walküre* von Richard Wagners erinnerte (*Thomas-Mann-Schriftenreihe*, 2001, Bd. 1, S. 44).

Während Joachim zuversichtlich seine Sachen packt, ist Hans Castorp bald klar, dass er selbst dableiben muss, aufgrund der »Verantwortlichkeiten, die ihm aus der Anschauung des Hochgebildes, genannt Homo Dei, hier oben erwachsen« seien. Hofrat Behrens nimmt ihn auch freundlich knurrend wieder auf und bestätigt sein »Talent zum Patienten«.

Joachim aber reist ab, Hans bringt ihn zum Davoser Bahnhof, und das Geschehen bei Hansens Ankunft vor einem Jahr, als Joachim hin begrüßte, kehrt sich um: Hans verabschiedet Joachim. Als peinlich empfindet Hans den Moment, da Joachim ihn das erste und einzige Mal in all der Zeit mit seinem Vornamen anspricht und ihn »mit dringlicher Angst« bittet, ihm bald nachzufolgen.

## Abgewiesener Angriff

Ein kurioses Intermezzo vor den drei letzten langen und ernsten Abschnitten dieses Kapitels ist der kurze Angriff des ›Flachlands‹ auf den Zauberberg. Der Oktober hat begonnen, im Speisesaal unterhält Hans Castorp nähere Beziehungen nur noch zu Herrn Ferge und zu Ferdinand Wehsal, seinem Mannheimer Nebenbuhler bei Madame Chauchat, der ihn mit einer masochistischen »Liebeserklärung« unangenehm berührt.

Da meldet sich sein »Onkel-Cousin«, der 40-jährige Konsul James Tienappel, für einige Tage zu Besuch an und wird von Hans am Bahnhof abgeholt. Die seltsamen Lebensformen auf dem Zauberberg irritieren den Onkel immer mehr, bis er Hans schließlich fragt, »ob er verrückt« geworden sei. In einer dem Onkel völlig fremden Sprache (»›Jargon!‹ sagte der Neffe. ›Ausdrucksweise!‹ sagte er«) erläutert Hans alle Details des morbiden Kurlebens auf dem Zauberberg, spricht »von der Krankheit (...) und von der Aufnahmelustigkeit für sie«, bis der Konsul laut auflacht. Hans geht darüber hinweg und lässt sich auch nicht auf »ein Männer- und Klubgespräch« ein, das sein Onkel vom Zaun bricht.

Am nächsten Tag gerät der Onkel in die Klauen des Hofrats, wird, wie einst Hans Castorp, für anämisch befunden, und erhält den Rat, »es sich für ein paar Wochen hier auf seinem Balkon der Länge nach bequem« zu machen. Der Onkel fühlt bereits seinen »Eigengeist« und seine »Kräfte von unten« gegenüber dem »Geist des Ortes mit seiner Wohlerzogenheit« schwinden. Natürlich friert er, wird von Hans im doppelten Sinn in die Decken eingewickelt, und ist schon auf die gelegten »Schienen« in den Zauberberg gesetzt, bevor ihm nach sechs Tagen endlich das gewünschte Gespräch über seinen Neffen mit dem Hofrat gewährt wird, ein Gespräch, das den Konsul nur noch mehr in den Bann zieht.

Danach interessieren den Ehemann nur noch »mattweiße, stark zusammengepreßte Weibesbrüste« einer gewissen Frau Redisch. Und bei Tisch wagt er kühn, den Hofrat als »sozusagen eine Art Körperfürst« zu fragen, »wie es sei, wenn der Mensch verwese«. Die Antwort ist so krass, dass der Konsul am nächsten Morgen grußlos, nach Begleichung seiner Rechnung, abreist. Der Angriff des Flachlandes auf den Zauberberg ist bravourös und souverän abgeschlagen worden. Für Hans Castorp tritt damit auch äußerlich »die vollendete Freiheit« ein, die er innerlich schon längst empfindet und lebt.

**Wie der Mensch verwest**

Hofrat Behrens antwortet auf die Frage des Konsuls Tienappel, wie der Mensch verwest, ganz unverblümt:

»Sie liegen da auf Ihren Hobelspänen und Ihrem Sägemehl, und die Gase, verstehen Sie, treiben Sie auf, sie blähen Sie mächtig, so wie böse Bengels es mit Fröschen machen, denen sie Luft einblasen – der reine Ballon sind Sie schließlich, und dann hält Ihre Bauchdecke die Hochspannung nicht mehr aus und platzt. Pardauz, Sie erleichtern sich merklich, Sie machen es wie Judas Ischariot, als er vom Aste fiel, Sie schütten sich aus. Tja, und danach sind Sie eigentlich wieder gesellschaftsfähig. Wenn Sie Urlaub bekämen, so könnten Sie Ihre Hinterbliebenen besuchen, ohne weiter Anstoß zu erregen. Man nennt das ›ausgestunken haben‹. Begibt man sich danach an die Luft, so wird man doch wieder ein ganz feiner Kerl, wie die Bürger von Palermo, die in den Kellergängen der Kapuziner vor Porta Nuova hängen. Trocken und elegant hängen sie da und genießen die allgemeine Achtung. Es kommt nur darauf an, ausgestunken zu haben.« (5.1, S. 660f.)

## Operationes spirituales

Wie wird man ein jesuitischer Kommunist? Die Antwort gibt die ausführliche Lebensgeschichte Leo Naphtas. Er ist der Sohn eines jüdischen Schächters, den der blindwütige Mob für den unaufgeklärten Tod zweier Christenkinder an die Tür seines brennenden Hauses kreuzigte, während seine schwindsüchtige Frau mit den vier Kindern schreiend um ihr Leben lief.

Auf den 16-jährigen scharfsinnigen und kritischen Zögling des Kreisrabbiners wird zufällig ein Jesuitenpater aufmerksam, nimmt ihn auf, lässt ihn taufen, so dass er nach zweijährigem Noviziat als 20-jähriger in den Orden aufgenommen werden kann. Er erhält »vier niedere Weihen, nämlich die eines Türhüters, Meßdieners, Vorlesers und Teufelsbeschwörers«. Das von der Mutter ererbte Brustleiden sorgt jedoch nach drei Jahren für ein Ende der religiösen Laufbahn, und auf Kosten des Ordens beginnt Leo Naphta seine Kur auf dem Zauberberg, die nun ins sechste Jahr geht. Er ist 29 Jahre alt.

Bei seinen immer häufigeren Besuchen im Zimmer mit der Pietà erfährt Hans Castorp nach und nach Naphtas Lebensgeschichte. Der Jesuit wird geradezu ein Ersatz für Joachim, zumal beide sich

»militärische Stände« ausgesucht haben. Gemeinsam ist beiden auch die Bereitschaft zu Krieg und Kampf sowie die Verachtung für geruhsame »Vaterlandsliebe, Askese, Frieden und Glück«.

Die neuen Leidensgenossen »Settembrini, Naphta, Hans Castorp, Ferge und Wehsal« halten ein ausführliches ambulantes »Kolloquium über Gesundheit und Krankheit« ab. Themen sind das Mitleid, Geisteskrankheiten, Halluzinationen, der Körper als »Tempel Gottes« (Settembrini) oder »Vorhang zwischen uns und der Ewigkeit« (Naphta).

Darauf folgen »unter wachsender Anteilnahme aller die Probleme der Feuerbestattung, der körperlichen Züchtigung, der Folter und der Todesstrafe«. Naphta ist für die Prügelstrafe, Settembrini dagegen. Leichenverbrennung findet Settembrini zweckmäßig, Naphta hält den aus dem wach gehaltenen »Todesgrauen« abgeleiteten »Todesdienst« für die Grundlage aller Kultur. Folter ist für Settembrini eine »Porcheria« (Schweinerei), während Naphta in ihr »nur ein Ergebnis rationalen Fortschritts« sieht. Die Aufklärung sei an der Folter schuld, behauptet er, Settembrini hält das für einen teuflischen Scherz, der »Urgrund« der Folter sei »der Höllenglaube«. Settembrini ist für »die gesetzliche Abschaffung der Todesstrafe in allen gesitteten Ländern«, Naphta stellt dagegen das Einzelleben weit unter die allgemeinen höheren Ziele. Die Schuld des Mörders sei so grundsätzlich, dass er »die tiefste Lust« (»Die tiefste Lust? Die tiefste.«) seiner Tat nur durch den eigenen Tod büßen könne.

Weiter geht es über »Tugend und Gesundheit«, »Gott und Teufel« zur »Vornehmheit«. Besonders interessant wird es bei der Frage nach dem Unterschied von »lebenstüchtig« und »lebenswürdig«. Naphta leitet den Geist und den Fortschritt von der Krankheit ab, Settembrini tritt dagegen »wie ein Ritter für den Adel der Gesundheit und des Lebens ein«.

Zuletzt werfen sich die Kontrahenten »nicht nur gegeneinander, sondern auch durcheinander« allerlei Schlagworte an den Kopf. Hans Castorp steht wie ein hilfloser Sekundant daneben und versucht Vor- und Nachteile der Gegner abzuwägen. Settembrini scheint ihm zwar »ein eifriger Pädagog«, aber Naphta ist radikaler. »Freiheit« steht gegen »Wahrheit«, der eine hält den »absoluten Geist« hoch, der andere plädiert für den »demokratischen Fortschritt« – kurzum: »Es war die allgemeine Überkreuzung und Verschränkung, die große Konfusion, und Hans Castorp meinte zu sehen, daß die Streitenden weniger erbittert gewesen wären, wenn sie ihnen selbst nicht beim Streite die Seele bedrückt hätte.«

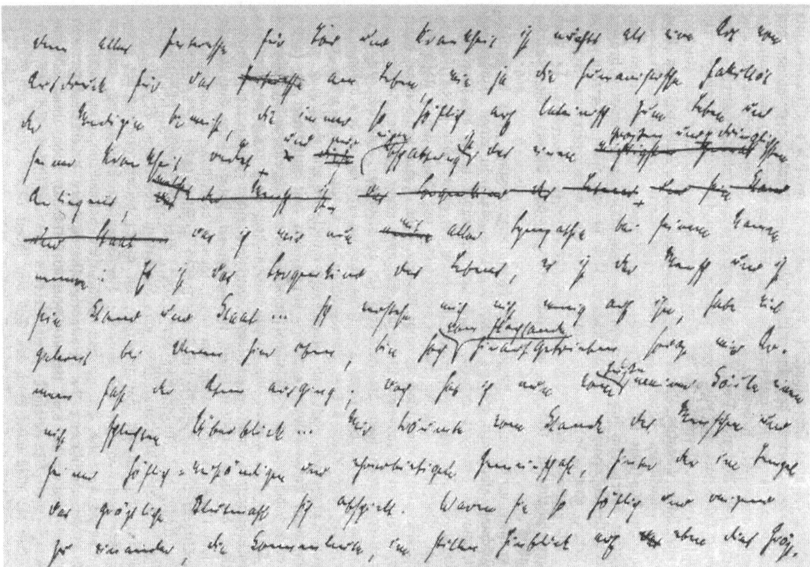

Thomas Mann, Handschriftprobe. Originalgröße. Manuskriptseite aus dem „Zauberberg"

Passage aus dem Sechsten Kapitel, Abschnitt »Schnee«: »Denn alles Interesse für Tod und Krankheit ist nichts als eine Art von Ausdruck für das am Leben, wie ja die humanistische Fakultät der Medizin beweist, die immer so höflich auf lateinisch zum Leben und seiner Krankheit redet und nur eine Abschattung ist des einen großen und dringlichsten Anliegens, das ich mir nun mit aller Sympathie bei seinem Namen nenne: Es ist das Sorgenkind des Lebens, es ist der Mensch und ist sein Stand und Staat ... Ich verstehe mich nicht wenig auf ihn, habe viel gelernt bei Denen hier oben, bin hoch vom Flachlande hinaufgetrieben, so daß mir Armem fast der Atem ausging; doch hab ich nun vom Fuße meiner Säule einen nicht schlechten Überblick ... mir träumte vom Stande des Menschen und seiner höflich-verständigen und ehrerbietigen Gemeinschaft, hinter der im Tempel das gräßliche Blutmahl sich abspielt. Waren sie so höflich und reizend zu einander, die Sonnenleute, im stillen Hinblick auf eben dies Gräß[liche?]« (5.1, S. 746f.).

Abb. in: Albert Soergel: Dichtung und Dichter der Zeit. Eine Schilderung der deutschen Literatur der letzten Jahrzehnte. Mit 377 Abbildungen. 20. Auflage. Leipzig 1928, S. 863.

Als sie alle wieder auseinander gegangen sind, hat Hans Castorp »die Ohren voll vom Wirrwarr und Waffenlärm der beiden Heere«, vom Streit zwischen »Jerusalem und Babylon«, vom »konfusen Schlachtgetümmel«.

Das alles wirkt nicht nur wie ein akustischer Auftakt zum Ersten Weltkrieg und der darauf folgenden mörderischen Streitereien der politischen Ideologien – in ihren Grundstrukturen hält diese Diskussion zwischen Trost und Terror bis heute an, sie ist sozusagen, auch wenn es absurd klingt, eine condition humaine!

## Schnee

Der siebte Abschnitt des Sechsten Kapitels beschert Hans Castorp ein Nahtoderlebnis. Der Skiausflug, bei dem er beinahe umkommt, ist von Thomas Mann zwar erst Anfang Juni 1923 geschrieben worden, hat seinen äußeren Anlass aber in einem »Schneeabenteuer«, das der Autor bereits im Januar 1915 in seinem Landhaus in Bad Tölz erlebt hat. Dieser Abschnitt »Schnee« ist das poetische und gedankliche Zentrum des Buches, seine Deutung hat schon viele Interpreten auf den Plan gerufen.

Der Winter 1908 ist derart düster und lichtraubend, dass auf dem Zauberberg eine »künstliche Höhensonne« angeschafft wird. Es gibt »kolossal viel Schnee«, die Landschaft verändert sich in »eine Gnomenwelt, lächerlich anzusehen und wie aus dem Märchenbuch«. Dass damit vor allem die Schnee-Märchen Hans Christian Andersens gemeint sind, stellt Michael Maar in seinem Buch *Geister und Kunst. Neuigkeiten aus dem Zauberberg* (1993) klar heraus.

In der nachmittäglichen Ruhezeit ist für Castorp von seiner »Balkonloge« aus der Schneefall ein unterhaltsames »leises Geisterspiel«. Und aus den einsetzenden Schneestürmen, einem paradoxen »Chaos von weißer Finsternis« erheben sich Scharen des Schneefinks, eines merkwürdigen Vogels, der auf dem Zauberberg besonders zu Hause zu sein scheint.

Vom Gehen im Schnee an das ebenso mühsame Gehen im Sand erinnert, möchte Hans Castorp über die gebahnten Wege hinaus weiter allein »seinen Gedanken und Regierungsgeschäften nachgehen« und hat zudem den lebhaften Wunsch nach »einer inniger-freieren Berührung mit dem schneeverwüsteten Gebirge«. Er entschließt sich daher, »Schneeschuhe zu kaufen«, und wird in diesem Vorhaben eindringlich von Settembrini unterstützt, der zwar keine Ahnung vom Skisport hat, aber jede Aktion gegen den »Schattenfürsten dort oben« – gemeint ist Hofrat Behrens – nachdrücklich begrüßt.

Hans Castorp lernt also das Skifahren und entfernt sich schon bald in eine »Einsamkeit, die das Herz mit Empfindungen des menschlich Wildfremden und des Kritischen berührte«. In dieses »Urschweigen«, in die »Urstille« der »tödlich lautlosen Winterwildnis« begibt er sich, wie der vom Zauberberg desertierte Joachim, »auf eigene Rechnung und Gefahr«. Ein ähnliches Gefühl überkommt ihn wie einst vor dem »Löwenkäfig« der Meeresbrandung, »das Begeisterungsglück leichter Liebesberührungen mit Mächten, deren volle Umarmung vernichtend sein würde«. Die kühlen nackten Arme der Madame Chauchat haben sich unversehens in eine viele größere Macht und Gefahr verwandelt.

Hans Castorp zeigt eine mutige, dreifach wiederholte, »Sympathie mit den Elementen« als eben diejenige »Sympathie mit dem Tode«, die sein Autor schon in den *Betrachtungen eines Unpolitischen* als Grundzug des ganzen Romans bezeichnet hatte (13.1, S. 460f.). Das »Weglose und Hochgefährliche« seines Schneegangs vergleicht er mit dem »nicht Geheueren«, das ein »Kolloquium mit Naphta und Settembrini« darstelle.

Immer höher hinaus in »das dunstige Nichts« wagt sich der Schneewanderer, sieht in den von seinen Skistöcken gebildeten Schneelöchern »so ein eigentümliches zartes Berg- und Tiefenlicht«, das ihn an den Zauber bestimmter Augen erinnert. Ein »Nadelholz« zieht ihn an, er fährt in eine Schlucht, hält inne. Es ist drei Uhr nachmittags, an Reiseproviant hat er »etwas Schokolade in der Tasche seiner Breeches und eine kleine Flasche Portwein in der Westentasche«. Er schaut sich die Schneeflocken auf seinem Ärmel näher an und erkennt ihre Regelmäßigkeit »als tödlich, als das Geheimnis des Todes selbst«.

Er schweift weiter herum, gerät immer mehr »ins wilde Schweigen, ins Nichtgeheure, für nichts Gutstehende hinein«, verliert nach und nach die Orientierung, nimmt aber immerhin »in einiger Entfernung ein Holzhäuschen« wahr, das ihm noch dienlich werden wird. Da geht, bei etwa minus 20 Grad, ein tödlicher

Schneesturm los. Hans Castorp kehrt um, und will sich auf den Heimweg machen. Eine Stunde irrt er dann aber, wie sich nachher herausstellt, durch »das weiße, wirbelnde Nichts« im Kreis herum.

Er erlebt den Sturm als existentiellen »Widersacher, der die Atmung zerstörte«, und arbeitet sich länger sinnlos in ein »falsches Fortkommen« hinein. Er führt Selbstgespräche, kommentiert den allmählichen Verlust seiner Wahrnehmung, erlebt wieder, freilich ungleich heftiger, jene »Mischung aus Müdigkeit und Aufregung«, die ihn zu Beginn seines Aufenthalts auf dem Zauberberg ergriffen hatte, und zittert erneut »vor Trunkenheit und Exzitation sehr ähnlich wie nach einem Kolloquium mit Naphta und Settembrini«. Er widersteht der magischen »Zuflüsterung« und »Lockung«, sich einfach in den Schnee zu legen, und erreicht schließlich den »Heuschober mit steinbeschwertem Dach«. Das ist vorerst die Rettung, verbunden mit der enttäuschenden Einsicht, wohl eine Stunde sinnlos im Kreis herumgelaufen zu sein.

Hans Castorp stellt sich unter, lehnt sich mit seinem linken Bein an die Bohlenwand der Hütte, so dass er für einen Moment so wirkt wie der einbeinige kleine Zinnsoldat bei Andersen. Ein Blick auf seine Taschenuhr zeigt ihm, dass es erst halb fünf ist, und er tatsächlich nur eine Viertelstunde herumgeirrt ist. Er nimmt einen Schluck von seinem Portwein, und Aufregung und Müdigkeit, das wirbelnde Durcheinander vieler Aspekte des Zauberberg-Lebens, die aufsteigende Wärme der Spirituose – führen zu einer ausgedehnten Vision.

Er träumt von einer mediterranen, ja tropischen Gegenwelt zum Zauberberg. Er sieht vom Balkon aus einen üppigen Park, hört darin Vogelstimmen »wie Musik«, erinnert sich, wie er einst »einen italienischen Tenor« gehört habe, wie ihn »der leidenschaftliche Wohllaut« bezauberte. Das »Südmeer« ist nicht mehr weit, »tieftiefblau«, und obwohl er nie dort war, sind die Inseln, die Palmen, die »Seligkeit von Licht« für Hans Castorp wie ein »Wiedererkennen«, eine Erinnerung (*anamnesis*) im Sinn der Ideenlehre Platos.

Hans Castorp erlebt eine Szene arkadischen Glücks. Jünglinge und Mädchen tauchen auf, reiten auf Pferden, spielen Flöten, tanzen, üben sich im Bogenschießen, Angeln, Segeln. Eine stillende Mutter erfährt alle freundliche Aufmerksamkeit ihrer Umgebung. Aber ein schöner Knabe, der mit verschränkten Armen zu Hans hinauf und an ihm vorbei schaut, zwingt ihn, sich umzudrehen. Da gewahrt er einen Säulentempel, dessen Stufen er hinaufsteigt. Vorbei am steinernen Standbild einer Mutter mit Tochter geht er zur offenen Tür der »Tempelkammer« und sieht dort zu seinem Entsetzen, wie zwei keifende Hexen »ein kleines Kind (...) in wilder Stille mit den Händen (zerrissen)« und die Stücke verschlingen. Er will sich losreißen – und findet sich »von kaltem Grausen noch ganz umklammert an seinem Schuppen im Schnee, auf einem Arme liegend, mit angelehntem Kopf, die Beine mit den Skihölzern von sich gestreckt«.

In einem längeren Selbstgespräch sinniert Hans Castorp der Vision nach. Den Traum, sagt er sich, habe er nicht selbst geträumt, die »große Seele, von der du nur ein Teilchen« bist, habe vielmehr durch ihn geträumt. Er sei »mit Naphta und Settembrini im hochgefährlichen Gebirge umgekommen« und folgert daraus: »Ich weiß alles vom Menschen.« Wer den Körper, das Leben erkenne, erkenne den Tod. Nicht nur er selbst, oder ein anderer der Kranken auf dem Zauberberg sei ein »Sorgenkind des Lebens«, nein der Mensch selbst sei es, es sei »sein Stand und sein Staat«.

Die in der Vision gesehenen »Sonnenleute« stehen im lebendigen Kontrast zu Naphta und Settembrini; die beiden Gelehrten sind dagegen »Schwätzer«, Philister; ihr Streit ist nur »ein verworrener Schlachtenlärm«. Der Mensch steht immer in der Mitte der Gegensätze, er ist ihr »Herr«. Und so entwickelt Hans Castorp dort oben im Schnee eine Maxime: »Ich will dem Tode keine Herrschaft einräumen über meine Gedanken! Denn darin besteht die Güte und Menschenliebe, und in nichts anderem.« Die Liebe, nicht die Vernunft, sei stärker als der Tod. Und »Form und Gesittung« entstünden eben nur »aus Liebe und Güte«. Er wolle dem Tode zwar die Treue halten, aber nicht einseitig. Und so fasst Hans Castorp sein Nahtoderlebnis in die Quintessenz seines bisherigen Lebens auf dem Zauberberg, in den, im Druck hervorgehobenen »Ergebnissatz« (XI, S. 423) des Romans zusammen: *»Der Mensch soll um der Güte und Liebe willen dem Tode keine Herrschaft einräumen über seine Gedanken.«*

Dieses Wort Hans Castorps, sein »Traumwort«, ist seine eigentliche Stärkung und Befreiung. Er erhebt sich aus dem Schnee, worin er nur etwa zehn Minuten gelegen hat, dem Tode nahe, vom Leben selbst noch einmal gerettet, das »es gut gemeint (hatte) mit seinem hochverirrten Sorgenkinde ...«. Das Wetter ist wieder gut,

Hans Castorp schwebt zu Tal, erstattet Herrn Settembrini Bericht, der ihn aussschimpft und ihm einen stärkenden Kaffee braut. Aber schon beim Abendessen versteht Hans Castorp »nicht mehr so recht«, was ihm da widerfahren ist; was er geträumt, was er gedacht hat, ist schon »im Verbleichen begriffen«.

## Als Soldat und brav

Der letzte Abschnitt des Sechsten Kapitels zitiert in der Überschrift den braven Soldaten Valentin aus Goethes *Faust I*. Gretchens Bruder spricht als einziger unter all den Verblendeten Klartext. Aber das wird ihm übel vergolten. Vor Gretchens Tür ersticht Faust, von Mephisto geführt, den tapferen Valentin, der mit den Worten stirbt: »Ich gehe durch den Todesschlaf / Zu Gott ein als Soldat und brav.«

Gemeint ist damit ist auch das Schicksal des verhinderten Soldaten Joachim Ziemßen. Das Flachland ist ihm zunächst gut bekommen. Anfang April 1909 wurde er zum Leutnant befördert, er ist glücklich und stolz. Im Juni aber meldet sich die Krankheit wieder zurück, Joachim erkrankt am »Katarrhfieber«, und anstatt zum großen Manöver – dem »großen Kriegsspiel« – einzurücken muss er Anfang August, in Begleitung seiner Mutter Luise, wieder auf den Zauberberg zurückkehren. Fast auf den Tag genau zwei Jahre nach Hans Castorps Ankunft hat sich das damalige Verhältnis völlig umgekehrt, und an dem kleinen Bahnhof empfängt jetzt Hans den anfangs aufgekratzten Joachim.

Luise Ziemßen berichtet von einer zufälligen Begegnung in München mit Madame Chauchat, die nach Spanien zu gehen und im Winter nach Davos zurückzukommen beabsichtige. Hans faselt daraufhin aus den Versatzstücken seiner erworbenen Kenntnisse und den daraus abgeleiteten Projektionen in seinem privaten Zauberberg-Idiom derart etwas von »Osten und Krankheit«, »Spanien« und »Tod als Form, sozusagen, nicht Todesauflösung, sondern Todesstrenge« zusammen, dass Frau Ziemßen bestürzt und peinlich berührt schweigt.

Die kleine Liege-»Nachkur« für Joachim zieht sich in den Herbst hinein. Dann steht er auf und nimmt das altgewohnte Leben der Spaziergänge und Besuche bei Naphta und Settembrini wieder auf, Es ist wie immer, »und jene Widersacher im Geiste lieferten ihre unaufhörlichen Duelle«, die sich freilich so sehr »ins Desparat-Unendliche (...) verlieren«, dass, wie der Erzähler zu seiner und der Leser Freude mitteilt, sie nicht mehr vollständig wiedergegeben werden können.

Und doch werden diese geistigen »Duelle« weiter geführt. Schon vor Joachims Rückkehr ist das Gespräch ausführlich auf Settembrinis Zugehörigkeit zu den Freimaurern gekommen. Naphta lässt sich spöttisch über diesen »Köhlerglauben an die Vernunft, die Freiheit, den Menschenfortschritt« aus, für den sich die Freimaurer seit bald zweihundert Jahren einsetzten. Überrascht erfährt Hans Castorp, dass ausgerechnet der Freigeist Settembrini »Verschwiegenheit und Gehorsam« habe geloben müssen. Naphta bestätigt die Nähe der Freimaurer zur jesuitischen Strenge, ja, der Begründer des Illuminaten-Ordens, Adam Weishaupt, sei sogar direkt ein Jesuit gewesen.

Die Rosenkreuzer, Templer, Alchimie, Einweihungsriten durch das Grab – Hans Castorp erfährt viel. Freilich seien das frühe Formen des Freimaurerwesens, von denen Settembrini heute nichts mehr wisse. Überheblich erklärt Naphta, sein armer Kontrahent habe es nicht leicht gehabt, bei den Freimauren aufgenommen zu werden, denn dort zählten nicht nur Bildung, sondern auch Besitz: »Bildung und Besitz – da haben Sie den Bourgeois! Da haben Sie die Grundfesten der liberalen Weltrepublik!«

Von Naphta vor Settembrini als einem »Emissär«, also Gesandten seines Ordens gewarnt – »Und was bist du für ein Emissär? dachte Hans Castorp« – begibt sich der junge Mann zu dem italienischen Humanisten und erfährt in großer Freimütigkeit, welche berühmten Männer alle »Maurer gewesen waren« oder es heute seien, nennt »Voltaire, Lafayette und Napoleon, Franklin und Washington, Mazzini und Garibaldi, von Lebenden sogar den König von England und außerdem eine Menge Männer, in deren Händen die Geschäfte der europäischen Staaten lagen, Mitglieder von Regierungen und Parlamenten«. Politik sei das Wesen des Bundes: »Alles ist Politik«. Ziel sei der »kunstgerechte gesellschaftliche Bau, die Vollendung der Menschheit, das neue Jerusalem«.

Gut und schön, doch sind die Freimaurer auch Christen? Beinahe so naiv wie Gretchen den Faust fragt Hans Castorp Herrn Settembrini, ob er an Gott glaube und erfährt, dass dieser Name nach und nach aus den Schriftstücken des Bundes gestrichen werde. Die Maßnahme bedeute jedoch nicht, wie Hans Castorp meint, eine Verstärkung des Katholischen durch den Atheismus. Noch weniger sei sie ein Zug in der Nachfolge des Reformators Luther, der, schon äußerlich, asiatische Züge trage und durch den »eine verhängnisvolle Überbelastung einer der beiden in Ihrem Lande so gefährlich gleichstehenden Schalen«, gemeint ist die östliche, eingetreten sei.

Prophetisch mahnend wendet sich Settembrini an Hans Castorp als den Vertreter einer »bildsamen Jugend«: »Entscheidungen werden zu treffen sein, – Entscheidungen von unüberschätzbarer Tragweite für das Glück und die Zukunft Europas, und Ihrem Lande werden sie zufallen, in seiner Seele werden sie sich zu vollziehen haben. Zwischen Ost und West gestellt, wird es wählen müssen, wird es endgültig und mit Bewußtsein zwischen den beiden Sphären, die um sein Wesen werben, sich entscheiden müssen.«

Die auf den ersten Blick etwas abwegigen »maurerischen Plaudereien« zielen sowohl auf die Weltpolitik vor 1914 als auch auf ihre Auswirkungen über den Ersten Weltkrieg hinaus, in Thomas Manns damalige Schreibzeit Anfang Juni 1923 hinein. Der Roman gewann für seinen Autor damit eine neue Aktualität

Anfang Oktober 1909, Joachims Krankheit verschlechtert sich, zunächst kaum merklich, »durch Halsschmerzen und Heiserkeit«, kommt es erneut zu einer »Kontroverse« zwischen Naphta und Settembrini. Es wird ein »Kolloquium über die Literatur« abgehalten mit Anklängen an Dantes *Divina Commedia* sowie Dantes Führer in der Unterwelt, den lateinischen Dichter Vergil – für Settembrini der größte Dichter, größer noch als Homer, für Naphta dagegen ein »Speichellecker des julischen Hauses« und ein überschätzter »Prunkrhetor ohne einen Funken von Produktivität«.

Virgil, kontert der Italiener, stehe für die bürgerliche, die eigentlich menschliche Bildung; der Jesuit rückt »die mediterranklassisch-humanistische Überlieferung« sarkastisch als »Geistesform und Zubehör einer Epoche« zurecht. Und er legt nach. Das Volk habe die alten Zöpfe der bürgerlichen Bildung längst abgeschnitten und bilde sich selbst weiter »durch öffentliche Vorträge, Ausstellungen, Kinos«, die »jedem Schulunterricht weit überlegen seien«. Naphta rede einem »Analphabetentum« das Wort, meint Settembrini, und wird wiederum gefragt, ob er wisse, dass »der größte Dichter des Mittelalters, Wolfram von Eschenbach, Analphabet gewesen sei?«

Der Literat, höhnt Naphta, könne nur schreiben und habe von der Welt ansonsten keine Ahnung, »weshalb er denn auch aus der Politik einen Beutel voll Wind mache, nämlich voll Rhetorik und schöner Literatur, was in der Parteisprache Radikalismus und Demokratie heiße, und so fort, und so fort.« Für Settembrini ist es schlechterdings keine Frage, wie sehr die antike Rhetorik und Literatur »die Quelle jedes weiteren und inhaltlichen Idealismus, auch des politischen, sei«, zudem wisse die Jugend wohl zwischen Literatur und Barbarei zu unterscheiden.

Hans Castorp denkt bei sich, dass »das Menschliche oder Humane« vermutlich genau dazwischen liege, greift aber in das Gespräch nicht ein und hört vielmehr Settembrini hochherzig, kundig und ausführlich den »literarischen Genius« feiern, von Naphta wiederum sarkastisch gebremst. Für Settembrini ist die Literatur der »Weg zum Verstehen, zum Vergeben und zur Liebe«, »der literarische Geist als edelste Erscheinung des Menschengeistes überhaupt, der Literat als vollkommener Mensch, als Heiliger« anzusehen. Dagegen meint Naphta, Literatur sei nur »Trug und Gaukelspiel«, sei »die Entmannung und Entblutung des Lebens«, »der Geist, die eifernde Theorie sei lebensschänderisch«, ausgerichtet nur auf »das Nichts – das reine Nichts«. Fortschritt, Nihilismus, das sei alles Teufelswerk, »et cetera«.

Hans, der schon die ganze Zeit über mit besorgtem Blick auf Joachim geachtet hat, verlässt mit ihm »mitten in einer Replik« dieses endlosen Wettstreits die beiden »Duellanten«. Joachims Halsschmerzen und die Heiserkeit geben der Schwester Oberin am Abend Anlass zu ernster Besorgnis, und sie fragt ihn vielsagend, ob er sich schon einmal verschluckt habe. Der Oktobertermin der »Nachkur« verstreicht nach vier Wochen »sang- und klanglos«, und dann verschluckt sich Joachim tatsächlich eines Abends das erste Mal, kurz darauf erneut, bis ihn Hofrat Behrens zur Kehlkopfspiegelung einbestellt. Danach kann Joachim nur noch flüstern und muss sich den Kehlkopf mit einem Ätzmittel einpinseln lassen.

Hans Castorp will wissen, was das bedeutet. Er versucht den Hofrat abzufangen und kann ihn vier Tage später zur Rede stellen. Erst wird er beinahe kaltschnäuzig abgefertigt, dann aber, als Hans Castorp für den Ernst des Gespräches dankt, teilt der Hofrat ihm die Diagnose mit: Kehlkopftuberkulose – »schnell fortschreitende Zerstörung«, vielleicht in Verbindung zu bringen mit dem »Kommandogeschrei im Dienst«. Joachim hat noch etwa sechs bis acht Wochen zu leben.

In dieser Zeit, Joachim bekommt nur noch Suppen und Brei gereicht, gehen die Vettern wieder regelmäßig spazieren, und Hans Castorp denkt, wenn er den gebeugten »Erdmann« neben sich verstohlen anschaut, an »unser Sterben« allgemein, »das mehr eine Angelegenheit der Weiterlebenden als unserer selbst« ist. Sie sprechen kein Wort miteinander darüber. Joachim wird »überäugig und hohlwangig«, seine Hautfarbe verändert sich, der Blick wird trübe, dann stützt Hans den Vetter beim Gehen, was Joachim noch mit einem Scherz – »Es sieht ja betrunken aus, wie wir daherkommen« – kommentiert.

Allerdings weiß Joachim sehr wohl, wie es um ihn steht. Das zeigt sich Anfang November 1909 am Vorabend des Tages, da er sich auf Dauer zu Bett legen muss, um von nun an nur noch flüssig ernährt zu werden. An diesem Abend sieht ihn Hans, wie er sich mit der kurzzeitig verreisten Marusja, »der grundlos viellachenden Marusja mit dem Apfelsinentüchlein und der äußerlich wohlgebildeten Brust«, im Musiksalon unterhält; er, der so lange mit ihr an einem Tisch gesessen und nie das Wort an sie gerichtet hatte, dafür aber insgeheim die russische Grammatik lernte, die er nun endlich, wenigstens einmal, anwenden kann. »Ja, er ist verloren!«, denkt Hans Castorp und lässt Joachim Zeit für sein erstes und letztes Gespräch mit seiner Liebe.

Danach nimmt Joachim »dauernd die Horizontale ein«, Hans benachrichtigt die Mutter und holt Luise Ziemßen am Bahnhof ab. Sie sieht sofort, was los ist, verhält sich aber tapfer. Ebenso geht Joachim selbst »mit klarem Bewußtsein dem Tode« entgegen. Ende November macht sich eine Herzschwäche bemerkbar, was Hofrat Behrens freut, denn das eröffne bei allen sonstigen Möglichkeiten noch einen gnädigen Verlauf.

Er tröstet die Mutter auf seine Weise: »Ich kenne den Tod, ich bin ein alter Angestellter von ihm, man überschätzt ihn, glauben Sie mir! Ich kann Ihnen sagen, es ist fast gar nichts damit. Denn was unter Umständen an Schindereien *vorhergeht*, das kann man ja nicht gut zum Tode rechnen, es ist eine springlebendige Angelegenheit und kann zum Leben und zur Genesung führen. Aber vom

Tode wüßte Ihnen keiner, der wiederkäme, was Rechtes zu erzählen, denn man erlebt ihn nicht. Wir kommen aus dem Dunkel und gehen ins Dunkel, dazwischen liegen Erlebnisse, aber Anfang und Ende, Geburt und Tod, werden von uns nicht erlebt, sie haben keinen subjektiven Charakter, sie fallen als Vorgänge ganz ins Gebiet des Objektiven, so ist es damit.«

Zuletzt, Joachim ist bereits weitgehend gefühllos geworden, ein Bart ist ihm gewachsen, altert er innerhalb eines Tages vom Jüngling über den Mann zum Greis. Und tatsächlich, wie Hofrat Behrens vorhergesehen hat, stirbt Joachim abends um sieben Uhr, kurz und schmerzlos. »Toller Bengel das, toller Kerl«, ruft ihm Hofrat Behrens nach. Am nächsten Tag wird alles für die Überführung des Leichnams in die Heimat vorbereitet. Hans Castorp hilft bei der »Umlagerung« in den Metallsarg, worin Joachim noch einen Tag aufgebahrt bleibt. So kann Hans Castorp mit leichtem Befremden sehen, dass sein toter Vetter »in seinem Kriegerbarte zu lächeln begonnen« hat, und dass »dieses Lächeln die Neigung zur Ausartung in sich« trägt – höchste Zeit also, den Sarg zu schließen und von der Höhe des Zauberbergs aus weit unten im Flachland zu hören, wie »drei Gewehrsalven, drei schwärmerische Honneurs hinknallen über Joachim Ziemßens wurzeldurchwachsenes Soldatengrab«.

Thomas Mann

Der Zauberberg

Roman

Zweiter Band

1924

S. Fischer / Verlag / Berlin

Titelseite des Zweiten Bandes mit den Kapiteln Sechs und Sieben. Foto: Privat.

# Siebentes Kapitel

## Strandspaziergang

Auch das Siebente und letzte Kapitel des Romans beginnt, wie das vorhergehende, mit einer Frage, und mit einer Frage wird es enden. Fragte der Erzähler zu Beginn des Sechsten Kapitels noch allgemein »Was ist die Zeit?«, so fragt er jetzt gezielt: »Kann man die Zeit erzählen?«

Was wie das Entrée zu einer Poetik-Vorlesung klingt und tatsächlich auch den Unterschied ausmacht zwischen der Erzählzeit, also der Dauer einer Erzählung, und der erzählten Zeit, bei der Minuten sich endlos dehnen und Jahre auf Momente verkürzt werden können, das wird gleich philosophisch erweitert: »Die Zeit ist das *Element* der Erzählung, wie sie das Element des Lebens ist«, übrigens »auch das Element der Musik«. Wenn schließlich die Geschichte Hans Castorps ein »Zeitroman« genannt wird, dann meint das zweierlei: Die Geschichte seiner Zeit und die Geschichte der Zeit, »– so – und auch wieder so genommen«. Die Anfangsfrage beantwortet sich somit selbst: Zeit und Erzählung sind wesensverwandt.

Kurz wird überlegt, wieviel Zeit wohl vergangen ist, seit Joachim abgereist, zurückgekehrt »und dann aus aller Zeit gegangen« ist, und seit wann genau Madame Chauchat »*wieder da* war (denn sie war wieder da)», – aber all das weiß Hans Castorp nicht genau, noch dazu hat er jetzt endgültig vergessen, wie alt er ist. Das hat wohl speziell damit zu tun, dass auf dem Zauberberg Raum und Zeit aufgehoben sind, wenn es nicht gar mit der Ermangelung »jedes Zeitorgans in unserem Inneren« zu tun hat.

Doch sowohl Hans Castorp, als auch »der Leser«, meint der Erzähler, könnten sich ohne weiteres »rechnerisch (...) ins klare setzen«. Und führt aus, wann genau Madame Chauchat zurückgekehrt ist, im Advent 1909, zu einer Zeit, da die Witterung die Jahreszeiten wieder durcheinander geworfen habe, was allgemein die große »Konfusion« und den »Sinnen- und Geistestrug« auf dem Zauberberg verstärkt hat. Hans Castorp überlässt die Zeit sich selbst und fällt dabei selbst aus der Zeit.

Vergleichbar ist dieser Zustand mit einem »Spaziergang am Meeresstrande«, wobei die ähnliche Konsistenz von Sand und Schnee bereits im Abschnitt »Schnee« betont worden ist: »Wir gehen, gehen, – wie lange schon? Wie weit? Das steht dahin. Nichts ändert sich bei unserem Schritt. Dort ist wie hier. Vorhin wie Jetzt und Dann; in ungemessener Monotonie des Raumes ertrinkt die Zeit, Bewegung von Punkt zu Punkt ist keine Bewegung mehr, wenn Einerleiheit regiert, und wo Bewegung nicht mehr Bewegung ist, ist keine Zeit.« Freilich gehört das nicht zur philosophischen Diskussion »im inneren Haushalt des jungen Abenteurers«, sondern »zu seiner lästerlichen Zeitwirtschaft«, zu »seinem schlimmen Getändel mit der Ewigkeit«. Eine Drohung schwingt in diesen Worten mit, die, wie der weitere Verlauf der Geschichte zeigen wird, sehr berechtigt ist.

Gerhart Hauptmann, Vorbild für Mynheer Peeperkorn, mit seiner Frau Margarete und Thomas Mann in Kloster auf Hiddensee, Juli 1924, während der Schlussphase der Arbeit am *Zauberberg*.
Foto: ETH-Bibliothek Zürich, Thomas-Mann-Archiv. Fotograf: Unbekannt / TMA_0079 (Ausschnitt).

## Mynheer Peeperkorn

Als letzte große Figur im Totentanz auf dem Zauberberg wird der 60-jährige holländische, lange auf Java tätig gewesene »Kaffeekönig in Ruhestand« Mynheer Pieter Peeperkorn »zu elfter Stunde in unsere Geschichte« eingeführt. Ihm sind insgesamt vier der zehn Abschnitte dieses letzten Kapitels gewidmet, drei davon namentlich. Freilich, und da gibt der Erzähler zum Glück gleich Entwarnung, tritt mit Mynheer Peeperkorn nicht, wie seinerzeit mit Leo Naphta, erneut »ein Veranstalter geistiger und pädagogischer Konfusion auf den Plan«. Dennoch sorgt er bei Hans Hans Castorp für »schwere Verwirrung«, denn er ist gemeinsam mit Madame Chauchat im Berghof eingetroffen, begleitet von einem malaiischen Kammerdiener.

Hofrat Behrens, dem gewissermaßen ebenfalls ein Nebenbuhler ins Haus kommt, schildert den »Kaffeekönig« etwas abschätzig als »robust und spärlich«. Bei Tisch agiert der merkwürdige Mann als imponierende Erscheinung mit dirigierenden Gesten, er spricht leutselig zu den anderen Gästen, aber nur in unvollständigen, sinnlosen Sätzen. Zugleich bestellt Mynheer Peeperkorn bei einer der Saaltöchter, der Zwergin Emerentia, derart umständlich einen auf dem Zauberberg verbotenen Genever-Schnaps als zu duldendes »Brot«, dass der Bestellung sofort entsprochen wird. Kein Wunder, dass sich das äußere Vorbild für Mynheer Peeperkorn, der Dichterkollege Gerhart Hauptmann, dem Thomas Mann zuletzt im Oktober 1923 in Bozen persönlich begegnet war, mit dieser Karikatur ganz und gar nicht einverstanden war. Doch liegt in dieser zur Schau gestellten imposanten Nichtigkeit weit mehr als nur eine kollegiale Bosheit; die Sprache selbst gerät in die große Konfusion auf dem Zauberberg, in großer Geste geht sie unter.

Frau Stöhr mit ihren kuriosen Wortverdrehungen nennt Peeperkorn einen »Geldmagneten«, statt Magnaten, aber Hans Castorp meint, darin liege auch eine Wahrheit, wenngleich er anfangs in Peeperkorn nur eine »verwischte Persönlichkeit« sehen kann. Die Anwesenheit des Nebenbuhlers schaltet Hans Castorps taktischen »Zartsinn« bei der Wiederannäherung an Madame Chauchat aus, im Speisesaal kommt es beim Eintritt der Geliebten vor ihrem Begleiter noch nicht einmal zu einer Blickbegegnung. Peeperkorn, »der königliche Mann«, trinkt Schnaps und extrastarken Kaffee, als sei er gar nicht krank, wobei er doch, wie Hofrat Behrens erklärt, an einem etwa alle vier Tage auftretenden »Tropenfieber«, einem »Quartanfieber«, erkrankt sei.

## Vingt et un

»So verging eine Zeit« – wir schreiben Neujahr 1910. Etwa einen Monat nach Madame Chauchats Rückkehr kommt es bei einer »Abendgeselligkeit«mit Zigeunermusik und einer Parodie auf den »Pilgerchor« aus Wagners Oper *Tannhäuser* im »Schreib- und Lesezimmer« des Sanatoriums zu einem Gespräch zwischen Clawdia und Hans Castorp. Er hört wieder ihre »Schicksalsstimme«, sie fragt nach Joachim, erfährt von Naphta und findet, dass Hans mit seinen geschraubten Antworten »immer noch ein philosophischer Taugenichts« sei. Sie berichtet kurz von ihren Reisen durch Russland und bis nach Spanien.

Hans giftet ein wenig über Peeperkorn, als der plötzlich neben ihnen steht und Hans seine wuchtige Persönlichkeit aufzwingt. Frau Chauchat schlägt vor, noch »ein Spielchen« zu machen »und eine Flasche Wein« zu trinken. Gesagt, getan. Zwölf Personen versammeln sich um einen Tisch mit »Karten und Spielmarken«, die Zwergin bringt Wein, »einen weißen Chablis vom Jahre 06«, und bald geht es hoch her: »Jubel und Verzweiflungsausbrüche, Entladungen der Wut und hysterische Lachanfälle, hervorgerufen durch den Reiz, den das bübische Glück auf die Nerven ausübte, und sie waren echt und ernst, – nicht anders hätten sie lauten können in den Wechselfällen des Lebens selbst«.

Besonders belebend wirkt dabei Mynheer Peeperkorn. Den Ohnmachtsanfall einer Mitspielerin kontert er mit einer Bestellung großer Mengen an Speisen, trotz des üppigen »vorangegangenen Abendessens«. In jähem Zorn nennt die »Herrschernatur« die aufgetragene Pracht einen »Firlefanz« und bestellt stattdessen, von Madame Chauchat besänftigt, »für jedermann eine gute Kräuter-Omelette«. Behagen stellt sich ein dank dieser »Gottesgabe«. Der abschließende Schnaps und die gereichten Zigaretten veranlassen Peeperkorn zu einer kurzen Ansprache an Hans Castorp über den Segen des Einfachen im Kontrast zum raffinierten Drogenrausch.

Hans Castorps Antwort, die das Lob des Einfachen wiederholt, veranlasst Peeperkorn wiederum zur großen Geste der Duzbruderschaft und zum Loblied auf das »Leben« als »Weib, ein hingespreitet Weib«, an dem zu versagen »das Ende, die höllische Verzweiflung, der Weltuntergang« wäre. Das »Donnerwort« zielt zwar auf die männliche Impotenz, ist aber bereits ein erstes Grollen eben des finalen »Donnerschlags«, der die Welt des Zauberbergs vernichten wird.

Erstaunt, erfreut, ja begeistert darüber, einer solchen »Persönlichkeit«, begegnet zu sein, spricht Hans Castorp mit Mynheer Peeperkorn weiter über das Laster als Gefühlsstimulans, was Peeperkorn leicht zu verstimmen scheint, und biegt dann – ein »Schlingel«, ein »Schalk« –gerade noch auf die rettende Bahn, den Rausch als göttliches »Hilfsmittel von Format« zu bezeichnen.

Peeperkorn weckt die schon etwas schläfrige Runde um sich her wieder auf, bestellt Champagner und Süßwaren, und leitet so über zum großen kontaktstiftenden »Bacchanal«. Gegen ein Uhr zeigt sich Peeperkorn »wie etwa der bejahrte Priester eines fremden Kults«, in alle Frauen seiner Umgebung verliebt, lässt sich küssen, bevor gegen zwei Uhr die Gesellschaft mit dem Warnruf, »der Alte« komme, auseinander stiebt und Peeperkorn über die jähe »Auflösung seines Lebensfestes« in Rage gerät. Dann aber lässt er sich, gestützt von Hans Castorp und Madame Chauchat, auf sein Zimmer bringen.

An der Tür fordert Peeperkorn den neuen Duzbruder, das »Schwätzerchen« auf, Madame einen Stirnkuss zu geben. Hans Castorp lehnt das ab und geht. Diese »Unbotmäßigkeit« wird Folgen haben.

## Mynheer Peeperkorn (Des Weiteren)

Den Winter und das Frühjahr 1910 über bleibt Mynheer Peeperkorn im Berghof. Eingestreute Fragen danach, was ihm geschehen sei, beschwichtigt der Erzähler damit, dass »Bedingung des Lebens und der Erzählung« eben sei, dass »nicht alles auf einmal da ist«. Also der Reihe nach. Hans Castorp erlebt das »Format« von »Clawdia Chauchats Reisebegleiter als gewaltige Störung« seiner bisherigen Erfahrungen. Mit »der Neugier eines Bildungsreisenden« lässt er sich auf diese Störung ein, wenn auch nicht gerade wie ein in diesem Fall zu erwartender »Held«. Die Begründung dafür ist interessant: »Er war nur eben kein ›Held‹, das heißt: er ließ sein Verhältnis zum Männlichen nicht durch die Frau bestimmen.«

Das geistige Interesse für den außerordentlichen Mann führt Hans Castorp gleich im Anschluss an das Bacchanal zu einem Besuch des krank darniederliegenden Holländers. Das Gespräch geht »über das Medikament auf dem Nachttisch« mit hohem Anteil Chinin zum Verhältnis von »Heilmittelkunde und Toxologie«: Mynheer Peeperkorn weiß vom »Liebeszauber« aus dem Pulver einer Baumrinde zu berichten und von einem sekundenschnell wirkenden Schlangengift. Noch mehrmals in den nächsten Monaten sitzt Hans Castorp dann »an des königlichen Mannes Bett« und geht, als das wieder möglich ist, mit ihm und Clawdia Chauchat spazieren.

Es geling ihm zudem, »die Mitglieder seines buntscheckigen Feundeskreises« weiter um sich zu scharen, auch wenn sie sich untereinander fremd bleiben. Interessant dabei ist, dass sich die beiden »Widersacher« Naphta und Settembrini einig sind in der stillschweigenden Ablehung Madame Chauchats, die Hans Castorp wiederum so vergeblich liebt wie eh und je.

Natürlich ist Peeperkorn für die beiden »Dialektiker« und »Politiker« nur »ein dummer alter Mann«, aber Hans Castorp weiß zu antworten, dass es »viele verschiedene Arten von Dummhei« gebe, »und die Gescheitheit ist nicht die beste davon«. Er lobt die »Persönlichkeit« Peperkorns als einen »Lebenswert« und erweist sich damit für Settembrini als mittlerweile ebenbürtiger Gesprächspartner. Der Italiener versucht zwar, Hans Castorp auf Peeperkorn eifersüchtig zu machen, holt sich dabei aber eine bezeichnende Abfuhr, indem Hans Castorp den Konflikt grundsätzlich entschärft: »Ich bin gar nicht männlich auf die Art, daß ich im Manne nur das nebenbuhlende Mitmännchen erblicke, – ich bin es vielleicht überhaupt nicht, aber bestimmt nicht auf diese Art, die ich unwillkürlich ›gesellschaftlich‹ nenne, ich weiß nicht, warum.«

Auch Naphta und Settembrini sehen ihre »witzige Fehde auf Leben und Tod« in der Gegenwart Mynheer Peeperkorns zu eben derjenigen Müßigkeit heruntergestimmt, die sie letztlich ja auch ist. Aber abbringen lassen sie sich davon ganz und gar nicht, fühlen sie sich doch nur wohl, »wenn geistige Lüfte wehen«. Sie streiten weiter über die Kirche, darüber, ob sie zum »Vorbilde des idealen, kommunistischen Gottesstaates« tauge oder eher »den lebenzeugenden Gedanken» umbringe.

Naphta meint, sein auf Demokratie erpichter Gegner sei ein verkappter Aristokrat und lehne deshalb die Kirche ab; dabei sei »der asketische Geist der Weltverneinung und Weltvernichtung (...) die Vornehmheit selbst« und die Kirche der »Adel des Geistes«. Ein »Grabesaristokratismus« sei das, meint Settembrini, eine insgesamt »tiefe geistige Unvornehmheit« und alle Behauptungen des Gegenteils dienten zuletzt nur dem als Geist maskierten »durchaus infamen und teuflischen Kultus des Nichts« der Kirche.

Naphta entgegnet, sein Gegner habe offenbar die »humane Ironie« der Kirche als »des am meisten realistischen Herrschaftssystems der Weltgeschichte« nicht verstanden. Ein Beispiel dafür sei das Sakrament der Ehe, das die sinnliche Begierde ohne äußeren politischen Zwang einschränke. Settembrini verteidigt dagegen die »Unschuld der Wollust«, die Naphta zugunsten der höheren Ordnung der »Liebe« verneint – und so weiter, und so fort.

Der Erzähler selbst hält inne: »So ging das weiter, wir kennen das Spiel«, aber ein zündender Funke will nicht mehr überspringen. Zwischen den beiden Prinzipen »Revolution« (Naphta) und »Erhaltung« (Settembrini) neutralisiert die bloße Gegenwart Mynheer Peeperkorns diese geistigen Bemühungen. Peeperkorn schafft das, worum sich die beiden Streithähne vergeblich bemühen, in einem unvollständigen Satz apodiktisch zu behaupten und gegen jeden Widerspruch zu sichern, wenn er alles in allem das »Sakrament der Wollust« feiert. Die Verbindung von Welt und Geist gelingt ihm auf einzigartige Weise in der Lobesrede auf einen über ihm schwebenden Adler, »Jupiters Vogel«, seinem königlichen und göttlichen Vogel, den er anruft, niederzustoßen und seine Beute zu schlagen.

Beim »Stegreifmahl« in einem Gasthaus richtet Peeperkorn die Rede an den bislang weitgehend stummen Herrn Ferge, der darauf beredt aus seinem Leben berichtet und damit einen weiteren Kontrast zu den monomanischen Eskapaden der Kontrahenten Naphta und Settembrini setzt.

Eines Abends kommt Madame Chauchat aus dem »Schreib- und Lesezimmer« zu Hans in der hinteren Halle und bittet ihn, in Umkehrung der einstigen Bleistift-Bitte Castorps, um eine Briefmarke. Damit kann er zwar leider nicht dienen, reicht ihr aber eine seiner Zigaretten, um die sie ihn danach, leicht genervt, gebeten hat.

Das folgende Gespräch geht über die »Leidenschaft«, mit der »ihr« – Madame meint die Deutschen – nicht gesegnet seien: »Leidenschaft, das ist Selbstvergessenheit. Aber euch ist es um Selbstbereicherung zu tun«; in dieser Haltung würden sie »eines Tages als Feinde der Menschheit dastehen«. Eine merkwürdig zutreffende Diagnose angesichts der politischen Entwicklung Deutschlands nach dem Ersten Weltkrieg!

Hans Castorp lenkt das Gespräch auf die Liebe, genauer auf seine Liebe zu Madame Chauchat, auf die er hier gewartet habe, weil sie, in gewissem Sinne wie er selbst, durch die Krankheit frei und »genial« geworden sei. Hans Castorp treibt das Gespräch auf diese Höhe, sieht in der Veränderung durch die Krankheit geradezu eine religiöse Verwandlung, eine »Transsubstantiation«, die ihn den zweiten der beiden möglichen Lebenswege habe wählen lassen: »Der eine ist der gewöhnliche, direkte und brave. Der andere ist schlimm, er führt über den Tod, und das ist der geniale Weg!«

Ein »närrischer Philosoph« sei er, entgegnet Madame Chauchat, lobt aber auch, er habe sich sehr »en philosophe« gegenüber ihrem Reisebegleiter verhalten. Hans lobt Herrn Peeperkorn erneut als »Persönlichkeit«, und fragt Clawdia, ob sie ihn liebe. Sie habe sich zu ihm hingezogen gefühlt, sagt sie, was Hans Castorp gut versteht, zumal er wisse, wie sehr der alte Mann »Angst um das Gefühl« habe. Da Hans Castorp nun mit beiden Figuren, gewissermaßen mit Venus und Jupiter zugleich gut steht, schlägt ihm Clawdia ein Freundschaftsbündnis vor, das mit einem russischen Kuss auf den Mund besiegelt wird.

Während dieser Kuss getauscht wird, verdunkelt der Erzähler »unser kleines Theater zum Szenenwechsel«. Ein zweites Gespräch findet eines Nachmittags nach dem Tee zwischen Hans Castorp und Mynheer Peeperkorn am Krankenbett des Holländers statt. Die beiden unterhalten sich zunächst über Lodovico Settembrini, der für Peeperkorn ein zwar ärmlicher, aber »ritterlicher und heiterer Mann« ist. Dann verständigen sie sich über die Rolle von Mann und Frau; der Mann ziele auf den aktiven Rausch, die Frau auf die passive Berauschung. Mynheer Peeperkorn wird pathetisch; der Mensch sei »nichts als das Organ, durch das Gott seine Hochzeit mit dem erweckten und berauschten Leben« vollziehe; ein Versagen in diesem »Gefühl« sei eine »Gottesschande«, »ein unausdenkbares Entsetzen«.

Hans Castorp weicht aus und erwähnt Settembrini, wird aber plötzlich von Mynheer Peeperkorn gefragt, ob er Madame Chauchat liebe. Hans erschrickt. Peeperkorn wundere sich, dass Hans Clawdia heute alleine habe in den Ort gehen lassen; das sei nicht ritterlich gehandelt gewesen. Hans will »mit falschem Lächeln« noch einmal ablenken, weist auf die Flecken verschütteten Weins auf der Bettdecke und stimmt das Lob der Ritterlichkeit an. Aber Peeperkorn lässt nicht locker. Ihm ist Hansens »Gezwungenheit« gegenüber Madame aufgefallen, als bestünde eine geheime Abmachung, als habe er »ein Vielliebchen mit Madame gegessen« und vor allem: er sieze sie nicht.

Hans Castorp erblasst und wird von Mynheer Peeperkorn darauf hingewiesen. Er hat alles bemerkt, besonders die Weigerung nach dem Bacchanal, Madame auf die Stirne zu küssen. Dann packt ihn der alte Mann am Handgelenk und sagt ihm auf den Kopf zu, »Clawdias Geliebter bei ihrem vorigen Aufenthalt« gewesen zu sein. Hans gibt die Ambivalenz seiner Beziehung zu Clawdia zu, und auch, dass der einstige Faschingsabend, »in dessen Verlauf das Du auf traumhafte und unverantwortliche Weise vollen Sinn« gewonnen habe, der Vorabend von Clawdias Abreise gewesen sei. Es sei ein Sondertag gewesen, gewissermaßen ein 29. Februar, einmalig.

Er erklärt weiter, dass er die Wahrheit habe sagen wollen, ohne Mynheers Wohlwollen zu verlieren, beteuert die Einmaligkeit, erwähnt noch Hofrat Behrens als weiteren Liebhaber, doch Peeperkorn fragt ihn nur, ob er Clawdia noch liebe. Hans Castorp sagt nicht ja, nicht nein, nennt Clawdia aber eine Frau, (die ihrem Gefühl gefolgt sei, ergänzt Peeperkorn), und lobt sie als »eine geniale Existenz«. Auf die Frage, ob er ihn, Peeperkorn, nicht als Nebenbuhler empfunden habe, antwortet Hans Castorp, die Enttäuschung über den Begleiter Clawdias werde durch den Vorzug, seine Bekanntschaft gemacht haben zu können, aufgewogen. Und sich mit ihm gegen Clawdia verbündet zu sehen, befriedige ihn wie eine kleine Rache.

Dann resümiert Hans Castorp sein Leben vom Besuch des Vetters und der Begegnung mit Clawdia Chauchat, der »zuliebe und Herrn Settembrini zum Trotz« er sich »dem Prinzip der Unvernunft, dem genialen Prinzip der Krankheit unterstellt« habe.

Zuletzt kommt er noch auf den tödlichen Verlauf von Bizets Oper *Carmen* zu sprechen und wundert sich selbst, dass ihm diese »ziemlich beziehungslose Geschichte« einfalle. Mynheer Peeperkorn richtet sich in seinem Bett auf.

Unter gesunden Umständen und in jüngeren Jahren hätte er Hans Castorp Gelegenheit gegeben, in einem Duell Genugtuung für die ihm unwissentlich zugefügte Schmach zu erhalten. Da das nicht möglich sei, bietet er ihm erneut den Bund der Duzbruderschaft an, den er nach dem ersten Mal nicht befestigt habe. Diesmal werde der Bund nicht gegen, sondern für jemanden, gemeint ist Clawdia (»unsere Geliebte«), geschlossen. Von dieser Geste überwältigt nimmt Hans Castorp Abschied und wünscht, in einer Mischrede aus Sie und Du, »drei fieberfreie Tage« und eine gute Nacht.

## Mynheer Peeperkorn (Schluß)

Im Mai 1910 versammeln sich sieben Personen aus dem Sanatorium Berghof für einen Ausflug zum Wasserfall »im Walde des Flüeltals« bei Davos. Mynheer Peeperkorn ist in all den Wochen seither nicht gesund geworden. Hans Castorp fühlt sich zwischen ihm und Clawdia in einer, was die Umgangsformen angeht, »formalen Doppelklemme« gefangen, so dass der Ausflug eine willkommene Abwechslung bietet. Peeperkorn hat Ziel und Zeitpunkt des Ausflugs an einem seiner besseren Tage bestimmt.

In zwei Pferdefuhrwerken macht sich die Gesellschaft auf den Weg. Unterwegs kommt Hans Castorp mit seinem alten Nebenbuhler Ferdinand Wehsal ins Gespräch. Der ist noch immer derart wehleidig in Madame Chauchat verliebt, dass er das Leben nur als »gottverfluchte Zwickmühle«, als »Tortur der Fleischesbegierde« verstehen kann. Er verflucht geradezu »des Teufels beschissene Zwickmühle« von Körper und Seele, in der er sich befindet. Sein masochistisches Lamento bricht Hans Castorp kurzerhand ab und herrscht ihn an, bei allen zugestanden »großen Schwulitäten«, in denen er sich befinde, doch besser den Mund zu halten, denn sonst kämen ihm ebenso »beim Sprechen Schlangen und Kröten aus dem Munde«, wie er das aus einer alten Geschichte wisse.

Naphta und Settembrini vervollständigen die Reisegruppe, und in guter Fahrt kommen sie voran. Am Waldrand ist das Geräusch des Wasserfalls schon zu hören. Der Wald selbst jedoch ist krank, droht an einer »geilen Flechte« zu ersticken, zeigt »eine schwere, bizarre Entstellung« und ist »ein verzauberter und krankhafter Anblick«.

Dann sind sie beim Wasserfall mit seinem »Höllenspektakel«, einer »Dauerkatastrophe aus Schaum und Geschmetter« angekommen. Und hier, wo schlechterdings kein Gespräch, und eine Verständigung nur mit Zeichen möglich ist, hier will Mynheer Peeperkorn bleiben und vespern.

Damit nicht genug, beginnt der alte Mann mit seinem silbernen Reisebecher in der Hand eine Ansprache, zeigt noch einmal seine »bannenden, Aufmerksamkeit erzwingenden Kulturgebärden«, steht auf, aber von seinen Lippen lassen sich nur noch seine vorher vielgebrauchten Schlussworte »Perfekt« und »Erledigt« ablesen. Er bietet das »Bild des Schmerzensmannes« und gibt schließlich das Zeichen zum Aufbruch.

In der folgenden Nacht befällt Hans Castorp eine »gedämpfte Unruhe«, und er ist bereits wach, bevor gegen zwei Uhr in der Früh eine Pflegeschwester an seine Tür klopft mit der Nachricht, sofort zu Frau Chauchat zu kommen. Er findet Mynheer Peeperkorn in seinem Salon tot im Bett liegen. Die beiden Ärzte sind bereits da, und Behrens erklärt, mit welcher raffinierten Giftspritze in Form »des Beißzeugs der Brillenschlange« Mynheer Peeperkorn heute Nacht seinem Leben ein Ende bereitet habe. Wieder allein mit dem javanischen Diener, fragt Hans Castorp Madame Chauchat, ob er jetzt und hier, im Angesicht des Toten, den seinerzeit gebotenen Stirnkuss nachholen könne. Sie gewährt ihm den Kuss, und der malaiische Diener rollt die Augen.

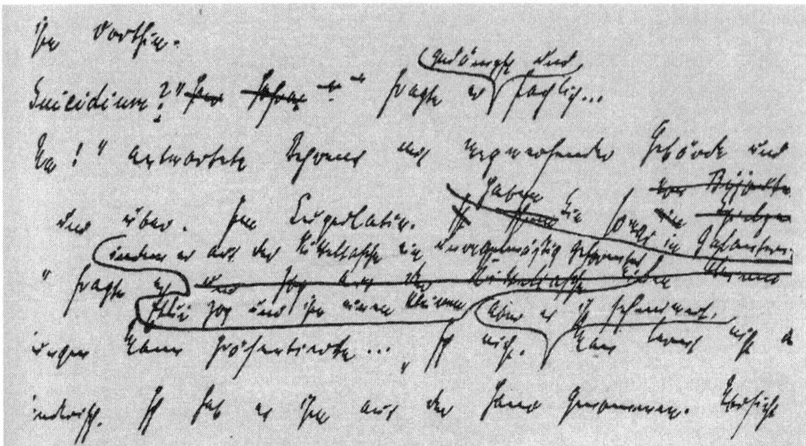

Ein Manuskriptausschnitt aus des Dichters neuem großen Roman „Der Zauberberg" *(Originalgröße)*

Passagen (mit Textverlust) aus dem Sechsten Kapitel, Abschnitt »Mynheer Peeperkorn (Schluß)« von »[Der Hofrat winkte mit dem Kopfe in der Richtung des Salons. Hans Castorp folgte] ihm dorthin. / ›Suicidium?‹ fragte er gedämpft und fachlich ... / »Na!« antwortete Behrens mit wegwerfender Gebärde und [fügte hinzu: ›Über und über. Im Superlativ‹.«] bis »›(...) Vorsicht. [Wenn Ihnen was auf die Hand tropft, kriegen Sie Brandblasen.‹]« (5.1, S. 944f.).
Abb. in: Uhu. Das neue Ullstein Magazin. Berlin, H. 5, Februar 1925, S. 29 (zu dem Beitrag Thomas Manns innerhalb des Sammeltitels »Aus der Werkstatt der Dichter« ebd., S. 28f., vgl. XI, S. 746f.: »Meine Arbeitsweise«).

## Der große Stumpfsinn

Mit dem Tod des Jupiter-Königs Mynheer Peeperkorn ist die große Zeit auf dem Zauberberg vorbei. Das Finale beginnt, das Ende bahnt sich an, und wird in den letzten fünf Abschnitten des Siebenten Kapitels einen rasanten Verlauf nehmen. In diesen letzten fünf von insgesamt 52 Abschnitten vergehen vier der sieben Märchenjahre des Abenteurers Hans Castorp, mehr als die Hälfte der bisher geschilderten Zeit, und sie vergehen wie im Fluge. Auch der Erzähler verkündet, dass die »inhaltliche Zeit« der Geschichte, die nun »die längste Zeit gedauert« habe, »derart ins Rollen gekommen« sei, »daß kein Halten mehr ist«.

Dabei stellt Hofrat Behrens seinem Langzeit-Patienten Hans Castorp überraschend eine mögliche »Entgiftung und triumphale Heimkehr in ungeahnter Bälde« in Aussicht. Die neue Diagnose lautet auf eine Erkrankung an Streptokokken, verbunden mit der erstaunlichen Vermutung, »daß die Tuberkulose eigentlich eine Blutkrankheit« sei. Behrens schlägt eine neue Behandlung, eine »Streptovakzinkur« vor. Die Aussicht auf eine mögliche Entlassung »in sechs Wochen« ist allerdings nur hypothetisch. Tatsächlich nähert sich das Leben auf dem Zauberberg immer mehr dem »toten Punkte«.

Ein »Dämon« namens »Stumpfsinn« hat die Macht ergriffen, und der sorgt, nach der neuerlichen Abreise Clawdia Chauchats, für »das Leben ohne Zeit, das sorg- und hoffnungslose Leben, das Leben als stagnierend betriebsame Liederlichkeit, das tote Leben«. Dazu gehören allerlei sinnlose Beschäftigungen wie die »Liebhaberphotographie«, das »Briefmarkensammeln«, Schokolade essen und vor allem erneut das »Schweinchenzeichnen mit geschlossenen Augen«.

Eine besondere »Scharfsinnsverbohrung« demonstriert der Staatsanwalt Paravant mit dem über Wochen getriebenen Versuch der »Quadratur des Kreises«. Auf den ersten Blick gar nicht so abwegig erscheint die Idee eines ehemaligen österreichischen Bildhauers, aus dem Sammeln von Altpapier allgemeinen Reichtum zu gewinnen und zugleich effektiven Umweltschutz zu betreiben. Man lernt die Kunstsprache Esperanto, treibt das englische Fragespiel, ob man den Teufel mit der Nachtmütze gesehen habe, und legt vor allem unentwegt Patiencen. (Heute käme vermutlich noch eine Passage über das Fernsehen hinzu.)

Während Hans Castorp völlig den »Launen des Kartenkobolds« ausgeliefert ist, hat er kein Ohr mehr für die Warnungen Settembrinis vor der politischen Entwicklung in Europa. Zwar fühlt auch Hans Castorp diffus die nahe Katastrophe, aber nachdem die letzte Untersuchung seines Blutes kein Ergebnis erbracht hat, verfällt er, Patience spielend, wieder dem großen Stumpfsinn und dem unklaren Gefühl für »ein Ende mit Schrecken«.

## Grammophon

Im Feldafinger Villino (vgl. S. 20f.) erklang Ende Januar 1920 erstmals große Oper, wie Thomas Mann im Tagebuch begeistert festhält: »Der Clou des Aufenthalts: sein [= Richters] vorzügliches *Grammophon*, das ich allein und mit K.[atia] und Richter beständig spielen ließ. Die Tannhäuser Ouvertüre. Bohême. Aida-Finale (italienischer Liebestod). Caruso, Battistini, die Melba, Tita Ruffo etc. Neues Motiv für den ›Zbg.‹, gedanklich und rein episch ein Fund.« Nicht viel anders reagiert Hans Castorp auf das Grammophon: »In ihm hieß es: ›Halt! Achtung! Epoche! Das kam zu mir.‹«

Fast alles dreht sich in den kommenden Tagen und bei den folgenden Besuchen Thomas Manns in Feldafing um diesen »Zauberkasten«, diese »Wundertruhe« zwischen Unterhaltung und Magie, wie er in »Fülle des Wohllauts« so auffällig häufig genannt wird. Kaum ist Thomas Mann wieder zurück in München, ergreift ihn gleich wieder das »Heimweh nach dem Feldafinger Mausloch mit seinem Grammophon«.

Den Abschnitt »Fülle des Wohllauts« schrieb Thomas Mann aber nicht im Villino, sondern erst im Sommer 1924, kurz vor Beendigung des gesamten Manuskripts. In München legte sich Thomas Mann aber schon bald selbst ein Grammophon zu, das in der Familiennovelle »Unordnung und frühes Leid« (1925) auf der Diele des Mann'schen Hauses erklingt. Später leistete sich Thomas Mann ein Luxus-Grammophon der Firma Electrola und ließ sich dabei fotografieren, wie er sich in der Diele von der »Fülle des Wohllauts« überströmen lässt.

Thomas Mann auf der Diele seines Münchener Hauses vor einem Electrola-Grammophon (Modell 192), um 1930.
Foto: Unbekannt. © Bundesarchiv Bild 183-R15883

## Fülle des Wohllauts

Diesen großen Stumpfsinn unterbricht eine neue Unterhaltung. Hofrat Behrens präsentiert stolz im Gesellschaftsraum ein Grammophon der Marke »Polyhymnia«. Er nimmt aus einem der zwölf »Zauberbücher« eine Platte heraus und lässt »die ersten gliederwerfenden Takte einer Ouvertüre von Offenbach (...) erbrausen«. Man applaudiert, und man hört mehr, die Figaro-Arie aus Rossinis *Barbier von Sevilla (*1816), eine Arie aus Verdis Oper *La Traviata* (1853), gesungen von Stimmen, die so natürlich klingen, als seien die Künstler anwesend, dazu Tanzmusik und Tangos.

Hans Castorp freilich steht der Sinn nicht nach allgemeiner Unterhaltung: »In ihm hieß es: ›Halt! Achtung! Epoche! Das kam zu mir!‹« Er ahnt sofort die neue »Passion, Bezauberung, Liebeslast« und nimmt den »Schlüssel des Schränkchens« an sich. Und während die Kranken alles stehen- und liegen lassen – »Sie waren zwar krank, aber roh« – hört Hans Castorp in der nächsten Zeit, meist nach dem Abendessen, die »Zauberbücher« durch.

Lieder hört er, Opernarien, die Barkarole aus *Hoffmanns Erzählungen* von Offenbach, das »Da mi il braccio, mia piccina« und Mimìs Antwort darauf aus Puccinis *La Bohème* (1896) sowie das Lied des Wolfram (»Blick' ich umher in diesem edlen Kreise«) aus Wagners *Tannhäuser* (1845) – der »Zauberkasten« mit seiner »Geistermusik« lässt ihn nicht mehr los: »Hans Castorp war allein mit den Wundern der Truhe in seinen vier Wänden, – mit den blühenden Leistungen dieses gestutzten kleinen Sarges aus Geigenholz, dieses mattschwarzen Tempelchens, vor dessen offener Flügeltür er im Sessel saß, die Hände gefaltet, den Kopf auf der Schulter, den Mund geöffnet, und sich von Wohllaut überströmen ließ«.

Fünf »Vorzugsplatten« hört er immer wieder, darunter Auszüge aus Verdis Oper *Aida* (1871), besonders das Schlussduett »O terra addio« des lebendig eingemauerten Liebespaares Radames und Aida. Hans hört, wie hier »die siegende Idealität der Musik, der Kunst, des menschlichen Gemüts« über den unausweichlichen Tod triumphiert, und denkt vielleicht, da diese »Beschönigung (...) ihm so besonders am Herzen lag«, ein wenig wohl auch an seine eigene große, im Zauberberg eingemauerte Liebe. (In einem Brief an ihren Gatten vom 23. Januar 1921 bezeichnet Katia Mann dieses »O terra addio« als »unser Duett«; vgl. die sog. »Rehherz«-Briefe, *Thomas-Mann-Schriftenreihe, Fundstücke* Bd. 3, 2016, Brief 27, S. 75).

Hans Castorp träumt sodann den *Nachmittag eines Fauns* (1894) Claude Debussys nach und erlebt dabei, diesmal im guten Sinn, »das Vergessen selbst (...), die Unschuld der Zeitlosigkeit«. Am meisten aber berührt ihn Bizets Oper *Carmen*, an die er schon im Abschnitt »Launen des Merkur« des Fünften Kapitels gedacht hat und auf die er gegenüber Mynheer Peeperkorn angeblich »beziehungslos« zu sprechen gekommen ist. Die Liebeserklärung »Hier an dem Herzen treu geborgen« des kleinen Soldaten José an sein Teufelsweib Carmen stimmt Hans Castorp »schwergemut und dankbar«.

Danach kommt Valentin, Gretchens Bruder, »Als Soldat und brav« zum Einsatz, in der *Faust*-Oper von Gounod (1859). Beim Abschied singt er ein »Gebet«: »Da ich nun verlassen soll, / mein geliebtes Heimatland«, und will, sollte er denn einst sterben, aus »Himmelshöhen« schützend auf sein »Schwesterblut« hinabsehen. Dass hiermit auch Joachim Ziemßen und Hans Castorp gemeint sind, wird sich bei einem späteren Einsatz der Platte im nächsten Abschnitt »Fragwürdigstes« erweisen.

Am meisten ergreift Hans Castorp aber ein deutsches Lied, »Schuberts ›Lindenbaum‹ aus der *Winterreise* (1827). Das Lied, »Volksgut und Meisterwerk zugleich«, bedeutet Hans Castorp »eine ganze Welt«, allerdings »eine Welt verbotener Liebe«, der »Sympathie mit dem Tode«. Das scheinbar unschuldige Lied wird zur Summe seiner »vielen Jährchen hermetisch-pädagogischer Steigerung« auf dem Zauberberg, denn das Kunstwerk ist ihm »eine Lebensfrucht, vom Tode gezeugt und todesträchtig«, ein »Seelenzauber«, der die ganze Welt unterwerfen könne.

Schubert als »Seelenzauberkünstler« und der »Lindenbaum« als »Zauberlied«, für das zu sterben sich lohne – Hans Castorp, den Thomas Mann selbst in seiner »Einführung in den ›Zauberberg‹« (1939) als »Gralssucher« (XI, S. 616) bezeichnet hat, hört aus dem Grammophon-Tempel das Lebens- und Todeslied des Zauberbergs, sein innerstes Geheimnis.

## Fragwürdigstes

Die Zeit geht dahin. Im »Laufe der Jährchen« haben sich die Vorträge des Doktor Krokowski über die »Seelenzergliederung« oder Psychoanalyse auf das fragwürdige Gebiet des okkulten, also dunklen »Unterbewußtseins« begeben. Dazu gehören Hypnose, Schlafwandeln, Telepathie, Zweites Gesicht und Hysterie. Als eine 19-jährige dänische Patientin namens Ellen Brand, genannt Elly, mediale Fähigkeiten zeigt, eröffnet sich für Doktor Krokowski ein neues Forschungsgebiet. Elly berichtet ihrer Freundin Hermine Kleefeld von einem »spirit«, der ihr Dinge sage, die niemand wissen könne, von richtigen »Schulantworten« einmal abgesehen. Sie hat seit frühester Jugend »Erscheinungen»« gehabt. So ist ihr die weit weg in Amerika verheiratete Schwester just zu dem Zeitpunkt im Zimmer erschienen, da sie »in New-Jersey an Herzentzündung gestorben war«.

Damit sind die Voraussetzungen zu einem von Doktor Krokowski genehmigten »spiritistischen Gesellschaftsspiel, einem Glasrücken«, gegeben. Dabei soll das vom »spirit« bediente Glas zu den ausgelegten 25 Buchstaben des Alphabets laufen, um so nach und nach Worte zu bilden. (Die nicht vollständige Buchstabenzahl des Alphabets erklärt Michael Maar mit dem Hinweis auf nur 25 Zinnsoldaten in Andersens Märchen.)

Nach einer Weile beginnt das wunderliche Ereignis. »Spirit« Holger gibt seinen Namen bekannt und beantwortet die Frage nach seinem Beruf erst fehlerhaft mit »Dichtr«, dann richtig als Dichter. Das geforderte Gedicht über eine Abenddämmerung am Meer, wobei der Dünensand wie Schnee erscheint und ebenso an den »Strandspaziergang« erinnert wie an das »Schnee«-Abenteuer Hans Castorps, dieses Gedicht erwähnt zudem den rinnenden Sand des Stundenglases neben weiteren Vanitas-Symbolen, einem aufgeschlagenen Buch und einem Totenschädel.

Hans Castorp fragt schließlich, wie lange sein Aufenthalt auf dem Zauberberg noch dauern werde. Er solle quer durch sein Zimmer gehen, heißt es, er versteht aber nicht, die Quersumme seiner Zimmernummer 34 zu ziehen und so auf sieben Jahre zu kommen. Ein Schlag gegen die Tür, dann auf den Tisch, ein ausgeknipstes »Nachttischlämpchen« sorgen für Aufregung. Dann, das »Deckenlicht« sorgt wieder für Helligkeit, bemerkt Hans Castorp auf seinen Knien das Röntgenbild von Clawdia Chauchats Oberkörper, das er mit Sicherheit nicht bei sich hatte, als er das Zimmer betrat.

Alles sehr merkwürdig; Hans fühlt sich von »wenigen Flocken Höllenfeuers« angeweht, aber Herr Settembrini, dem er das Geschehen schildert, klagt nur, das hätte gerade noch gefehlt. Er warnt ihn davor, den Unterschied »zwischen Betrug und Wirklichkeit« und damit zwischen »Gut und Böse« nicht mehr zu erkennen. Hans Castorp hält sich daraufhin von den Sitzungen fern.

Doch er kommt wieder. Erst wird das Grammophon in »dem magischen Kreise« zur Unterstützung des Mediums eingesetzt. Und während die spiritistischen Sitzungen fortgesetzt werden, bemüht sich Doktor Krokowski um eine wissenschaftliche Erklärung der seltsamen Erscheinungen und Verkörperungen. Schließlich wird sogar »die spiritistische Beschwörung Verstorbener« gewagt.

Nach zweieinhalb Monaten erfährt Hans Castorp, dass sich der Geist Holger wieder gezeigt habe. Sein Widerstand gegen die zweimal wöchentlichen spiritistischen Sitzungen gerät ins Wanken, als das Medium Elly Brand in Aussicht stellt, beim nächsten Mal »jeden beliebigen Verstorbenen vorzuführen«. Beim erneuten Hören von Valentins »Soldatengebet« in Gounods *Faust*-Oper entschließt sich Hans Castorp, das Abenteuer zu wagen, und seinen Vetter wiederkehren zu lassen.

Am vereinbarten Abend versammeln sich im Kellergeschoss des Doktors 13 Personen. Hans Castorp bekommt die Aufgabe zugeteilt, das Medium an den Händen zu halten und zu kontrollieren. Doktor Krokowski löscht das Deckenlicht, so dass das Zimmer in »sacht glühende Finsternis« versinkt. Die Teilnehmer fassen sich an den Händen, bilden die »Kette«, Musik erklingt vom Grammophon, ein künstliches Gespräch untereinander wird befohlen, um dem Medium die Trance und dem »spirit« das Erscheinen zu erleichtern.

Als nach einiger Zeit alles bereit ist, äußert Hans Castorp den Wunsch, seinen »verstorbenen Vetter Joachim Ziemßen zu sehen«. Daraufhin erlebt er die »sonderbarsten« zwei Stunden seines Lebens. Ein anstrengender Geburtsvorgang setzt ein, von Grammophon- und Gitarrenmusik unterstützt, von Zurufen ermuntert. Nach einer vergeblichen Stunde, Medium Elly hat gerade dieselben

Handbewegungen gemacht wie einst der sterbende Joachim, wird eine Pause eingelegt und das Deckenlicht wieder eingeschaltet.

Eine Viertelstunde später geht die »skandalöse Niederkunft« erfolglos weiter. Nach der zweiten Stunde regt Hans Castorp plötzlich an, die Platte mit Gounods Gebet des Valentin aufzulegen. Die Platte findet sich nicht an ihrem rechten Ort, taucht aber unversehens wieder auf – und kaum erklingt das Gebet, da zeigt sich Joachim. Die sanften Augen nur auf Hans gerichtet, sitzt er da in einem seltsamen grauen »Waffenrock« mit einer merkwürdigen »Kopfbedeckung«: »Sie sah aus, als hätte Joachim sich ein Feldgeschirr, einen Kochtopf aufs Haupt gestülpt und ihn durch Sturmband unter dem Kinn befestigt. Doch wirkte das altertümlich und landsknechthaft und kriegerisch kleidsam, merkwürdigerweise.« Niemand der Geisterseher kann ahnen, dass sie hier ein kollektives Zweites Gesicht erleben und in die Zukunft sehen. Joachim Ziemßen sitzt vor ihnen in einem Soldatenrock des Ersten Weltkriegs sitzt und trägt einen Stahlhelm.

Da wird Hans Castorp des Frevels dieser Beschwörung inne, er schluchzt mehrmals auf und beginnt zu weinen. Der Aufforderung des Doktors, die Erscheinung anzusprechen, kommt er nicht nach. Stattdessen steht er auf, schaltet »das Weißlicht ein« und sorgt damit bei dem Medium für einen schweren Schock. Joachims Sessel ist leer. Vom Doktor fordert Hans stumm den Zimmerschlüssel und geht hinaus.

**Geistersitzungen**

Während der Arbeit am *Zauberberg* hat Thomas Mann im Winter 1922/23 in München dreimal an Geistersitzungen teilgenommen und darüber ausführlich in einer eigenen Publikation unter dem Titel *Okkulte Erlebnisse* (1924) berichtet. Eingeladen hatte ihn der Arzt und Parapsychologe Dr. Albert Freiherr von Schrenck-Notzing (1862–1929), der 1892 eine *Suggestionstherapie bei krankhaften Erscheinungen des Geschlechtssinnes mit besonderer Berücksichtigung der conträren Sexualempfindung* vorgelegt hatte. Der homosexuell orientierte Thomas Mann notierte sich die Adresse des Barons im Palais an der Max-Joseph-Straße 3 (heute 9) im Notizbuch während der Arbeit an *Buddenbrooks*.

Schrenck-Notzing bemühte sich darum, Geistererscheinungen wissenschaftlich zu beschreiben. Noch vor dem Krieg erschien sein Buch über *Materialisationsphänomene* (1914) als »Beitrag zur Erforschung der mediumistischen Teleplastie«. Bei den Sitzungen im Hause Schrenck-Notzing übernahm Thomas Mann einmal auch die Kontrolle des Mediums. Assistent Schrenck-Notzings war der Arzt und Zoologe Prof. Dr. Karl Gruber (1881–1927), Nachbar der Manns im Münchener Herzogpark an der Pienzenauerstraße 32 und Ratgeber bei Thomas Manns »botanischen Sorgen« im Landschafts-Idyll *Herr und Hund* (1919). Prof. Gruber legte 1925 philosophisch-biologisch gut begründete und nachvollziehbare *Parapsychologische Erkenntnisse* vor.

Thomas Mann hat das männliche Medium bei Schrenck-Notzing ebenso »zeugerisch-kreißend« erlebt, wie er es im *Zauberberg* schildert; in *Okkulte Erlebnisse* heißt es dazu: »Eine männliche Wochenstube im Rotdunkel, mit Geschwätz, Dideldum-Musik und fröhlichen Zurufen!« (15.1, S. 638) Thomas Manns Eindrücke im Abschnitt »Fragwürdigstes« beruhen demnach auf unmittelbarer eigener Anschauung und Erfahrung.

## Die große Gereiztheit

Die Zeit vergeht: »Wie so die Jährchen wechselten«. Vom Dämon Stumpfsinn geht der böse Geist der »Gereiztheit« und »Zanksucht« aus. Auf dem Zauberberg löst dieser Ungeist, einen Blutsturz aus und sorgt für eine böse Beleidigung der Zwergin Emerentia.

Der Unsinn nimmt zu. Besonders fatal ist der Auftritt des Antisemiten Wiedemann, der den jüdischen Kaufmann Sonnenschein derart reizt, dass es zu einer »Elendsszene«, einer Rauferei zwischen den beiden, in der Halle kommt. Eine polnische Gruppe verwickelt sich in einen Ehrenhandel. Da eine »Satisfaktion«, sprich ein Duell untereinander, abgelehnt wird, verfassen beide Seiten ausführliche Schriftsätze, die die Absurdität dieses »Ohrfeigenhandels« noch verstärken. Sogar die kritischen Geister Naphta und Settembrini können sich gegen »die umlaufende Infektion« mit Schwachsinn nicht wehren und beteiligen sich an der Diskussion.

Die beiden sind immer kränker geworden. Doch was bei Settembrini die »Melancholie« verstärkt, reizt Naphta nur noch mehr zur »Angriffslust«. Das Streitgespräch der Feindfreunde verschärft sich. Für Naphta ist die Welt grundsätzlich krank. Der »kapitalistische Bourgeoisstaat« als Ergebnis der Französischen Revolution und seine Erweiterung zur »Weltrepublik« werden nicht auf Glück und Fortschritt, sondern auf den Krieg hinauslaufen, meint er. Für die von Settembrini als Mittel dagegen berufene »Gerechtigkeit« hat er nur Verachtung übrig; Gott und die Natur seien grundsätzlich ungerecht. Sehr entschieden ist auch Naphtas Kritik an der »Wissenschaft«, die er als Pseudo-Glauben entlarvt. Ihr vorgeblicher Realismus und die Berechnung des Universums seien in Wirklichkeit »der wahre Nihilismus«, da es grundsätzlich vermessen sei, rechnerische Größen für das sogenannte »Weltall« im Verhältnis zur »Unendlichkeit« und »Ewigkeit« aufzustellen.

Der letzte Streit der ewigen Kontrahenten endet tödlich. An einem Nachmittag im Februar, vermutlich 1913, machen sich die »fünf Freunde« Hans Castorp, Naphta, Settembrini sowie die Herren Ferge und Wehsal auf zu einer Schlittenpartie ins etwa anderthalb Stunden entfernte Monstein. Dort, unterhalb einer unzugänglichen hohen und steilen Felswand, kehren sie im Gasthaus »Kurhaus« ein.

Hier hält Naphta, Hans Castorp zugewandt, seinen letzten langen Monolog zum »Problem der Freiheit«. Der eher romantische als aufklärerische Begriff habe im Lauf vor allem des 19. Jahrhunderts durch die Betonung des Individuellen das Nationale verstärkt und dazu geführt, »daß das Freiheitspathos die glänzendsten Freiheitsfeinde, die geistreichsten Ritter des Vergangenen im Kampf mit dem andachtslos zersetzenden Fortschritt erzeugt habe«. Luther sei ein Beispiel dafür, dann kämen Arndt und Görres, und die Ermordung des Staatrats Kotzebue durch den Burschenschaftler Sand sei weniger »Freiheitsbegeisterung« als »vielmehr Moralfanatismus und der Haß auf unvölkische Frivolität gewesen«.

Da reißt Settembrini die Geduld. »Schlüpfrigkeiten« nennt er Naphtas Ausführungen, noch kritischer »Zweideutigkeiten«, zuletzt gar »Infamie«, die zu »züchtigen« sei – in furchtbarer, zähneknirschender Stille stehen sich die Kontrahenten am Tisch gegenüber. Da greift Naphta zum allerletzten Mittel, um sich gegenüber Settembrinis »Humanität« durch den von ihm propagierten »heiligen Terror« zu behaupten: Er fordert ihn zum Duell, genauer zum »Pistolenduell«.

Settembrini nimmt an, nicht, weil es ihm ums Rechthaben geht, sondern weil er »mit seiner Person, seinem Arm, seinem Blute« für das Ideal einstehen will. Hans Castorp, dem mit plötzlichem Grauen klar wird, »daß am Ende aller Dinge nur das Körperliche blieb, die Nägel, die Zähne«, bietet sich als Sekundant Settembrinis an. Naphta lehnt das ab, gewährt aber Hans Castorps unparteiische Teilnahme. Er will eine kurze Distanz, keinen Arzt, also die unbedingte Entscheidung. Die Pistolen liefert Herr Albin, der im Dritten Kapitel bereits mit einer Pistole herumgefuchtelt hat.

Am Morgen des Duells ist es sonnig und kalt (minus 18 Grad). Hans Castorp geht um sieben Uhr hinauf »zum Rendevous« in der Nähe seiner Regierungsbank. Ferge misst die Distanz ab, dann stehen sich die Kombattanten ein letztes Mal gegenüber. Naphta ruft Settembrini zu, er möge schießen. Settembrini schießt – in die Luft, und weigert sich dann, den Schuss zu wiederholen. Naphta sei jetzt an der Reihe, ruft er und dreht sich ein wenig zur Seite, um dem Gegner »nicht gerade die volle Breitseite« zu bieten. Da schreit Naphta »Feigling!« – und schießt sich selbst in den Kopf! Mit dem italienischen Ausruf »Unglücklicher! Was machst du um der Liebe Gottes willen!«, stürzt Settembrini zu dem Toten.

## Der Donnerschlag

Die »sieben Jahre« oder besser die »sieben Märchenjahre seiner Verzauberung» (XI, S. 604) auf dem Zauberberg sind für Hans Castorp gezählt. An allen sieben Tischen des Speisesaals hat er im Lauf der Zeit gesessen und ist in eine ausweglose »orgiastische Form der Freiheit« gegenüber dem Leben im »Flachland« hineingeraten. Die Zeit zeitigt weiter Veränderungen; aus einem Knaben

Teddy wird ein junger Mann, der mit 21 Jahren stirbt. Weit unten im Flachland stirbt »Hansens Großonkel und Pflegevater Tienappel«, und damit reißt Castorps »durch abenteuerliche Jährchen der Entfremdung« gelöste »Beziehung zur unteren Sphäre« endgültig ab.

Die neue »Sandblattzigarre, namens ›Rütlischwur‹«, die sich gleichmäßig verzehrt, könnte Hans Castorp als Sanduhr dienen, da seine Taschenuhr nach einem Fall vom Nachttisch stehen geblieben ist. Aber Hans Castorp verzichtet nun grundsätzlich auf jedes Zeitmessen, aus eben denjenigen Gründen, die seine Zauberberg-Existenz thesenartig zusammenfassen – »aus Gründen der ›Freiheit‹ also, dem Strandspaziergange, dem stehenden Immer-und-Ewig zu Ehren, diesem hermetischen Zauber, für den der Entrückte sich aufnahmelustig erwiesen und der das Grundabenteuer seiner Seele gewesen, dasjenige, worin alle alchymistischen Abenteuer dieses schlichten Stoffes sich abgespielt hatten«.

Wieder jährt sich, diesmal »zum siebentenmal« seine Ankunft im »Hochsommer«. Es ist der August 1914. Da erdröhnt »der Donnerschlag, der den Zauberberg sprengt und den Siebenschläfer unsanft vor scine Tore setzt«. Der Erzähler hält noch einmal inne, berichtet die unmittelbare Vorgeschichte des Kriegsausbruchs. Settembrini ist seit dem Tod Naphtas sehr hinfällig, die Arbeit an seinem »Lexikon aller Werke des schönen Geistes, die das menschliche Leiden zum Gegenstande hatten«, ist ins Stocken geraten. Gleichzeitig verbinden sich in seinen Gedanken zur aktuellen Weltlage zwei Gegensätze, »Taubenmilde und Adlerskühnheit«; er zeigt sich »humanitär«, aber »auch kriegerisch«.

Aufmerksam hat er die politische Entwicklung in Europa verfolgt und übersieht sie als Pseudo-Regierungsrat in größeren Zusammenhängen: »Neulich, vor zwei oder anderthalb Jährchen«, die diplomatischen Verhandlungen zwischen Italien, Österreich und Albanien, sowie »vorigen Herbst« Frankreichs Unterstützung Russlands »zum Zwecke des Baues eines Bahnnetzes in Polen«. Da geschieht am 28. Juni 1914 in Sarajewo der »Fürstenmord«, es zeigt sich das furchtbare »Sturmzeichen«, und Anfang August wird der Krieg erklärt.

Der teuflische »Schwefelgeruch« des Krieges reicht bis in den Speisesaal des Zauberbergs hinauf, und dort sieht sich Hans Castorp mit einem Mal »entzaubert, erlöst, befreit«. Er meint, das Leben nehme ihn als »sein sündiges Sorgenkind« noch einmal an, und betend sinkt er auf die Knie, zum Dank dafür, dass er »die Grottendecke des Sündenberges« mit dem schweflig dunklen Himmel über sich vertauschen dürfe. Er packt seine Koffer, Settembrini besucht ihn noch einmal und verabschiedet sich mit einer Umarmung, mit zwei Küssen auf die Wangen und mit der traulichen Anrede »Giovanni« von seinem Freund, der nun, in letzter Verkehrung der Verhältnisse, anstelle Joachims zur Fahne eilt und Settembrinis Kriegsfeind wird.

Schauplatzwechsel. »Wo sind wir? Was ist das? Wohin verschlug uns der Traum?« fragt der Erzähler, und gibt zur Antwort: »Es ist das Flachland, es ist der Krieg«. Die jungen freiwilligen Männer mit den »vom Sturmband umrahmten Gesichtern unter den grau bespannten, verschobenen Helmen», den Stahlhelmen, von denen die Geistererscheinung Joachim Ziemßen einen getragen hatte, werden im Feuer aus Granaten und Schrapnells zur geopferten Menge: »Sie sind dreitausend, damit sie noch ihrer zweitausend sind, wenn sie bei den Hügeln, den Dörfern anlangen; das ist der Sinn ihrer Menge.« Dabei könnte man sich mitten im furchtbaren Sterben auch »andere Bilder erträumen«, von Liebe und Schönheit, statt der Not, den »grenzenlosen Ängsten und unaussprechlichem Mutterheimweh« im »Feuerdreck«.

Da taucht aus dieser Menge Hans Castorp auf, läuft mit in diesem irrsinnigen Todeslauf – und singt. Er singt, unterbrochen von einem »Brisanzgeschoß«, dem »Produkt einer verwilderten Wissenschaft«, Schuberts Lied vom »Lindenbaum«. Das Geschoss hat zwei Freunde im Tod vereint, aber Hans Castorp steht wieder auf, singt weiter und so, »im Getümmel, in dem Regen, der Dämmerung, kommt er uns aus den Augen«.

Der Erzähler verabschiedet sich von seiner Figur und seiner Geschichte. Das »arge Tanzvergnügen« in das Hans Castorp hineingerissen werde, der Totentanz des Weltkrieges, dauere wohl »noch manches Sündenjährchen«. Offen bleibe, ob Hans Castorp heil davonkomme. Wichtiger aber ist sein Überleben »im Geist«, sind die »Abenteuer im Fleische und Geist«, die seine »Einfachheit steigerten« und die »Augenblicke«, da ihm »aus Tod und Körperunzucht ahnungsvoll und regierungsweise ein Traum von Liebe erwuchs«. Offen bleibt daher auch die Antwort auf die rhetorische Frage, die der Erzähler am Ende mit dem Blick auf den epochalen

Krankheitsausbruch dieses Krieges und die Genesung davon stellt: »Wird auch aus diesem Weltfest des Todes, auch aus der schlimmen Fieberbrunst, die rings den regnerischen Abendhimmel entzündet, einmal die Liebe steigen?«

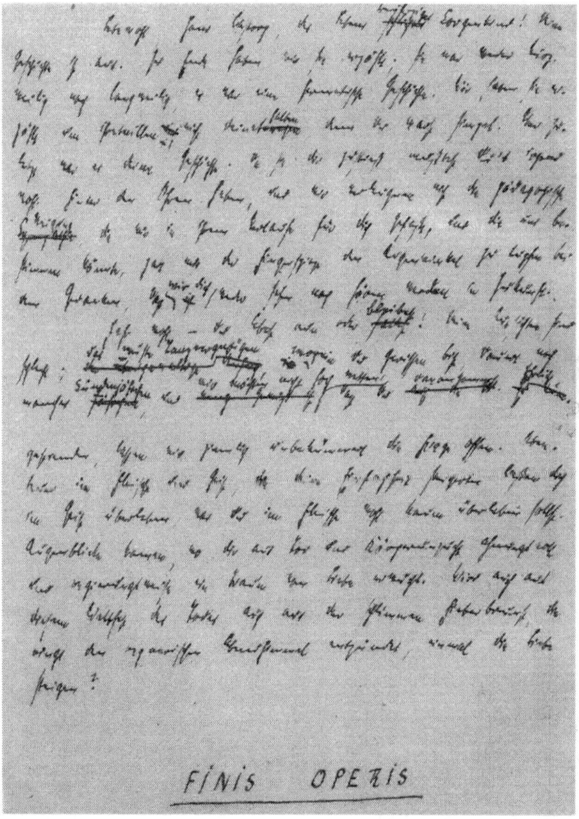
FINIS OPERIS

Faksimile (Montage) der Seiten 1200 und 1201 mit dem Ende des *Zauberberg* am Ende des Siebenten Kapitels mit dem Abschnitt »Der Donnerschlag«. Zu sehen sind die Zeilen von »Lebewohl, Hans Castorp, des Lebens treuherziges Sorgenkind!« bis »Wird auch aus diesem Weltfest des Todes, auch aus der schlimmen Fieberbrunst, die rings den regnerischen Abendhimmel entzündet, einmal die Liebe steigen? / FINIS OPERIS« (5.1, S. 1085).
Abb. in: Thomas Mann: The Magic Mountain. Volume Two. Translated from the German by H. T. Lowe-Porter. New York, Alfred A. Knopf, 1927, Frontispiz. Mit dem gedruckten Hinweis: »FACSIMILE / PAGES 1200 AND 1201 / OF THE ORIGINAL MANUSCRIPT OF / DER ZAUBERBERG / (THE MAGIC MOUNTAIN)«.

**Eine Thomas=Mann=Ausstellung im Bücherfenster.**

»Die *Buchhandlung am Hofgartentor* von Bruno Jensen [Odeonsplatz 17; Konkurs 1927] hat zum 50. Geburtstage Thomas Manns [6. Juni 1925] mit ausnehmendem Geschick ihrem Schaufenster eine Huldigungsauslage gegeben. Schon die künstlerische Anordnung auf schwarzem, mit apartem Rot zerlegten Stoff, die Austeilung des Raumes und das Gegeneinander der Gruppen ist sehr anziehend. Dazu kommt aber, daß die Auslage gegenständlich noch besonders ausgezeichnet ist durch persönliche *Wertstücke*. Da ist die umfangreiche Handschrift zu dem zweibändigen Werk: Der Zauberberg, da ist die originale Bronzebüste des Dichters von Prof. Schwegerle, und als Drittes gesellt sich dazu das vom Autor überlassene, in blaues Leder gebundene und signierte Eigenexemplar der Gesamtwerke. Die in Halbleder und Leinen gebundenen Einzelwerke gruppieren sich um diesen wertvollen Kern der Dekoration.«

In: Münchner Neueste Nachrichten, München, 6. Juni 1925

***

»Ich hatte das voluminöse, peinlich sauber geschriebene Manuskript mit dem aufgeschlagenen letzten Blatt und dem wie in tiefem Aufatmen nach einem Jahrzehnt der Arbeit abschließend niedergeschriebenen ›finis operis‹ in der Auslage einer Buchhandlung am Odeonsplatz bewundert.«

Manfred Sturmann, Spaziergänge mit Thomas Mann. Typoskript, 29 S., hier S. 16. Thomas-Mann-Archiv der ETH Zürich.

# Ausblick

## Fassungen

Das Manuskript des *Zauberberg* mit insgesamt 1201 Seiten ist verschollen. Es war nach der Emigration der Familie 1933 dem Münchener Rechtsanwalt Valentin Heins anvertraut worden, der es in seiner Kanzlei an der Weinstraße 8/IV (beim Marienplatz, über den damaligen Rathaus-Lichtspielen) in einer Mauernische zusammen mit weiteren unersetzlichen Dokumenten (darunter der Briefwechsel Thomas Manns mit seiner Frau über deren Erlebnisse in Davos) aufbewahrte. Nach seinen Angaben gingen all diese Handschriften zusammen mit der Kanzlei bei einem Bombenangriff auf München am 12. Juni 1944 verloren. Diese von der Familie Mann lange Zeit in Zweifel gezogene Darstellung des Rechtsanwalts wurde durch Hansgeorg Blechschmid in seinem Buch *Thomas Mann und das Recht* (2004, *Thomas-Mann-Schriftenreihe*, Bd. 3) ausführlich begründet und bestätigt. Vom umfangreichen Konvolut der Handschrift gibt es nur noch ein Foto (vgl. die Abb. S. 2) auf eben demjenigen Schreibtisch, der Thomas Mann ins Exil begleitete und der sich heute im Zürcher Thomas-Mann-Archiv befindet.

Sieben Seiten und Zeilen des Manuskripts wurden zwischen 1925 und 1927 faksimiliert. Das sind zunächst die Anfangsseiten mit dem »Vorsatz« (S. 26) und dem Beginn des Ersten Kapitels mit der »Ankunft« (S. 28 und 30). Es folgen eine Passage aus dem Fünften Kapitel, Abschnitt »Walpurgisnacht« (S. 56) sowie zwei Passagen aus dem Sechsten Kapitel, Abschnitt »Schnee« (S. 67) und Abschnitt »Mynheer Peeperkorn (Schluß)« (S. 90). Zuletzt dokumentieren die beiden letzten (in ein Bild zusammengefassten) Seiten des Manuskripts mit dem Schluss des Romans am Ende des Siebenten Kapitels und des Abschnitts »Der Donnerschlag« (S. 103) den Umfang von 1201 Seiten.

Einige ausgeschiedene Blätter des Manuskripts haben sich in der Beinecke Rare Book and Manuscript Library der Yale University (New Haven) erhalten; sie sind in den *Thomas-Mann-Studien*, Band 4, 1980 großformatig publiziert worden (vgl. S. 32).

*Der Zauberberg* war Ende September 1924 fertig geschrieben und erschien am 28. November 1924 in zwei Bänden. Der Roman wurde sofort ein außerordentlicher Verkaufserfolg; eine Dünndruckausgabe in einem Band kam zwei Jahre später ebenfalls gut an, und bereits vier Jahre später war die hundertste Auflage erreicht; sie erschien als Prachtausgabe mit einer Porträtzeichnung von Olaf Gulbransson und einem Vorwort von Hans Reisiger. Seit 1927 lag der Roman in einer englischen Übersetzung vor.

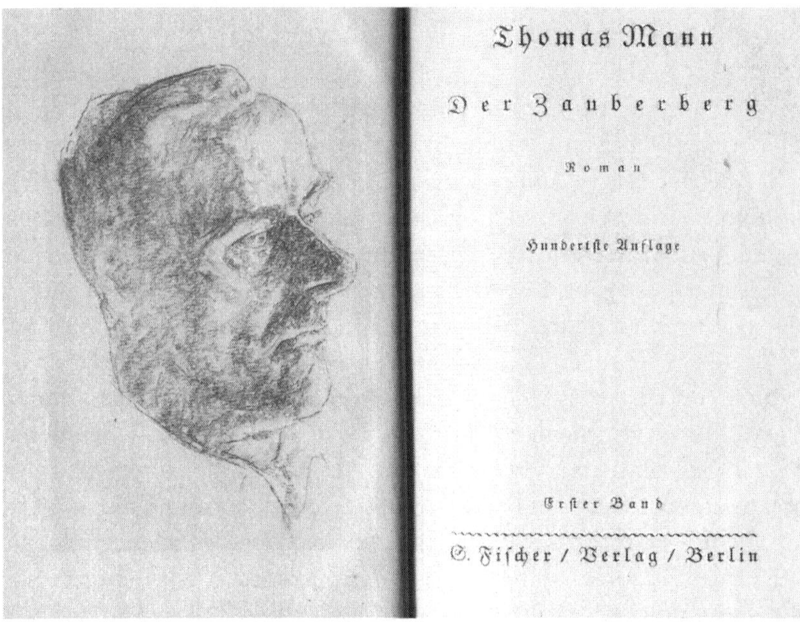


Die 100. Auflage des *Zauberberg* zierte 1928 eine Porträtzeichnung von Olaf Gulbransson. Privatbesitz.

Dieser »Welterfolg« (Katia Mann) trug maßgeblich zur Verleihung des Nobelpreises für Literatur 1929 an Thomas Mann bei, auch wenn die Urkunde die Auszeichnung mit *Buddenbrooks* begründet. Vom *Zauberberg* gab es im Jahr 2006 rund 30 deutschsprachige Ausgaben; ohne Lizenzen und Übersetzungen beträgt die Auflage der gebundenen Ausgabe seitdem 564 000 Exemplare, im Taschenbuch 990 000 Exemplare.

Die Übersetzung der fremdsprachigen Textstellen, besonders des auf Deutsch und Französisch geführten Gesprächs zwischen

Hans Castorp und Clawdia Chauchat, wurde erstmals 1953 in einer Lizenzausgabe des Berliner Aufbau-Verlags geboten.

Die erste kommentierte Ausgabe des *Zauberberg* erschien 2002 in den beiden Bänden 5.1 und 5.2 der *Großen kommentierten Frankfurter Ausgabe der Werke Thomas Manns* (GKFA), herausgegeben und textkritisch durchgesehen von Michael Neumann. Hier werden die Entstehungsgeschichte, die Text- und Quellenlage und die Rezeptionsgeschichte des Romans ausführlich dargestellt; der umfangreiche Stellenkommentar ist freilich nicht vollständig und teilweise korrekturbedürftig.

Seit den ersten Übersetzungen ins Englische (1927), Tschechische und Jiddische (1930), Französische (1931), Italienische (1932), Russische (1934) und Japanische (1938) ist das Buch unablässig in viele weitere Weltsprachen übersetzt worden. Eine chinesische Ausgabe (2000) gehört zu den vielen Übersetzungen, die im Feldafinger »Villino« (vgl. S. 20f.) bis 2018 öffentlich zugänglich waren.

## Hörbücher

Aber nicht nur in den gebundenen und broschierten Ausgaben lesend, auch hörend kann man sich in den *Zauberberg* begeben. Da gibt es ein Hörbuch mit – natürlich! – sieben Kassetten, und der unvergessene Gert Westphal liest die sieben *Zauberberg*-Jahre auf 15 CDs in 19 ½ Stunden (Deutsche Grammophon). Der Bayerische Rundfunk produzierte 2000 eine neue Hörspielfassung des Romans, die seit 2007 im Hörverlag auf 10 CDs (8 ½ Stunden) vorliegt.

Die vielleicht schönste Einführung in das Thema ist Martin Benraths kongeniale Inszenierung der »Fülle des Wohllauts« 1987 im Residenztheater München. Die damals mit Hilfe eines Grammophons präsentierte »Geistermusik« (5.1, S. 973) triumphiert dank einer CD dauerhaft eine Stunde lang über Raum und Zeit: »Martin Benrath spricht Thomas Mann. Fülle des Wohllauts. Ein Kapitel aus dem Roman *Der Zauberberg* für einen Erzähler, ein Grammophon und viele alte Schallplatten. Eine Aufführung des Bayerischen Staatsschauspiels München« (Deutsche Grammophon).

## Film

Trotz mehrerer Anläufe seit einem ersten Drehbuch von Erika Mann, Jan Lusitig und Hans Abich (1964, Typoskript, 164 S., Privatbesitz) wurde *Der Zauberberg* erst einmal, 1981, verfilmt, produziert von Franz Seitz in einer deutsch-französisch-italienischen Koproduktion unter der Regie von Hans W. Geißendörfer, mit Christoph Eichhorn (Hans Castorp), Alexander Radszun (Joachim Ziemßen), Marie-France Pisier (Madame Chauchat), Hans Christian Blech (Hofrat Behrens), Rod Steiger (Mynheer Peeperkorn), Flavio Bucci (Lodovico Settembrini) und Charles Aznavour (Leo Naphta). Der dreiteiligen, fast sechsstündigen ausführlichen und ansprechenden Fernsehfassung steht dabei die auf zweieinhalb Stunden zusammengeschnittene Filmfassung entgegen. Als Einführung in den Roman ist der hastige Film aber nicht besonders gut geeignet. Wichtige Hintergrundinformationen und eine Lesefassung des Drehbuchs präsentiert das von Gabriele Seitz herausgegebene Fischer-Taschenbuch *Der Zauberberg. Ein Film von Hans W. Geißendörfer nach dem Roman von Thomas Mann* (1982).

## Theater

Inzwischen wurde *Der Zauberberg* verschiedentlich auch »für die Bühne« bearbeitet, so von Vera Sturm und Hermann Beil; Uraufführung des Stücks war am 6. Juli bei den Festspielen Reichenau (Österreich), die deutsche Erstaufführung fand am 22. März 2003 im Staatsschauspiel Dresden statt.

Im März 2012 hatte eine Sprechfassung des Romans »in sieben Bildern von Rupert Pfeffer« bei einer szenischen Lesung mit dem Ensemble THEATOUR in München unter der Regie von Jochen Servatius als Projekt des Thomas-Mann-Forums München im Theater am Sozialamt (TamS) an zwei Abenden erfolgreich Premiere; die Produktion wurde im Oktober 2014 in das Museum Würth nach Künzelsau eingeladen.

## Ausstellungen

Die erste Thomas Mann-Ausstellung in München überhaupt, kuratiert im Auftrag der Bayerischen Rückversicherung vom damaligen Münchener Kulturreferenten Jürgen Kolbe unter Mitarbeit von Karl Heinz Bittel und inszeniert von Hans Hoffer, fand Ende 1987 in der Villa Stuck unter dem Titel »Heller Zauber. Thomas Mann in München 1894–1933« statt. Motto der Ausstellung war der »Ergebnissatz« (XI, S. 423) des *Zauberberg*: »*Der Mensch soll um der Güte und Liebe willen dem Tode keine Herrschaft einräumen über seine Gedanken.*« (5.1, S. 748) Die Ausstellung selbst ist nur noch als private Fotodokumentation erinnerbar; der materialreiche Bildband (Siedler Verlag) versteht sich dagegen, zusammen mit einem Fischer-Taschenbuch, das fünf Vorträge versammelt, die damals zur Ausstellung gehalten wurden, als zeit- und literaturgeschichtliche Ergänzung der Ausstellung.

Die Dauerausstellung »Der Zauberberg in Feldafing« war von 1999 bis 2018 im Feldafinger »Villino« zu sehen (vgl. S. 20f.). Das Heinrich und Thomas Mann-Zentrum in Lübeck bot von Ende 1993 bis Anfang 1994 »Einblicke in die Entstehungs- und Editionsgeschichte« des *Zauberberg*. Die Broschüre zu dieser Kabinettausstellung im Buddenbrookhaus der Hansestadt Lübeck sorgt aufgrund zahlreicher Abbildungen und einer Bibliographie der *Zauberberg*-Übersetzungen für solide Informationen.

Die Universitätsbibliothek München zeigte Ende 2005, kuratiert von Cornelia Töpelmann, in der Thomas-Mann-Halle die Ausstellung »Thomas Manns *Zauberberg* – ein Buch der *Sympathie mit dem Tode*«; zahlreiche Exponate aus den Beständen der Bibliothek und aus dortigen Nachlässen ließen die Genese eines Werks der Weltliteratur erkennen.

Das Literaturhaus München veranstaltete von März bis Juni 2016 die *Zauberberg*-Ausstellung »Tod und Amüsement« (Kuratorinnen: Karin Becker und Karolina Kühn). Dabei wurden alle Sinne angesprochen, man konnte Liegestühle ausprobieren, erschrak über Hustengeräusche aus Lautsprechern, umkreiste einen Röntgenapparat und ein Grammophon und fand sich am Ende vor einer Filmleinwand, über die unablässig Schnee auf den »Ergebnissatz« des Romans rieselte, der auf einer Tafel zu lesen war.

# Stimmen für und wider

## Der Dichter spricht

Thomas Mann selbst hat sich erst spät öffentlich zum *Zauberberg* geäußert. Die beste und schönste Zusammenfassung seines Romans gibt er 1939 in einem kurzen High School-Beitrag unter dem Titel »Die Schule des Zauberbergs«. Ungleich ausführlicher und gewichtiger ist dagegen seine »Einführung in den *Zauberberg*«, ein Vortrag, den er im Mai 1939 für Studenten der Universität Princeton gehalten hat und der fortan die Ausgaben des *Zauberberg* einleitete.

Thomas Mann erklärt: »Er ist ein Zeitroman in doppeltem Sinn: einmal historisch, indem er das innere Bild einer Epoche, der europäischen Vorkriegszeit, zu entwerfen versucht, dann aber, weil die reine Zeit selbst sein Gegenstand ist, den er nicht nur als Erfahrung seines Helden, sondern auch in und durch sich selbst behandelt. Das Buch ist selbst das, wovon es erzählt (...)« (XI, S. 611).

Frühere Äußerungen lassen sich dagegen meist nur indirekt auf den *Zauberberg* beziehen, dennoch sind sie für das Verständnis ebenso wichtig und unverzichtbar wie die Vorträge von 1939. Zahlreiche dieser »Selbstkommentare« sind in einem eigenen Fischer-Taschenbuch versammelt worden (1993). Hervorgehoben seien daraus der Vortrag *Goethe und Tolstoi* (1921) und vor allem seine Rede *Von deutscher Republik. Goethe und Tolstoi* entstand im Sommer 1921 zwischen dem Fünften und dem Sechsten Kapitel des *Zauberberg* und wurde erstmals am 4. September 1921 in Lübeck gehalten. Die Republik-Rede trug Thomas Mann am 15. Oktober 1922 in Berlin aus Anlass von Gerhart Hauptmanns sechzigstem Geburtstag vor.

Die beiden Reden sowie den Essay *Okkulte Erlebnisse* (1924) hat Thomas Mann selbst in seinem »Lebensabriß« (1930) als »unmittelbare prosaistische Ableger des Romans« (XI, S. 129) bezeichnet. In der Republik-Rede lässt sich Thomas Manns Lebensbejahung und seine neue demokratische Haltung nach dem Krieg besonders gut erkennen. Nachdem die alten Mächte abgedankt haben, ist jeder Einzelne zur Verantwortung aufgerufen: »Der Staat ist zu unser aller Angelegenheit geworden, wir sind der Staat.« (XI, S. 823) Das Interesse für Krankheit, Tod und Untergang sei ein Interesse für das Leben und den Menschen, und, fährt Thomas

Mann mit Blick auf den gerade entstehenden *Zauberberg* fort, »es könnte Gegenstand eines Bildungsromanes sein, zu zeigen, daß das Erlebnis des Todes zuletzt ein Erlebnis des Lebens ist, daß es zum Menschen führt« (XI, S. 851).

Derart vorbereitet wagt sich Thomas Mann sogar zu den spiritistischen Sitzungen in das Münchener Palais des Parapsychologen Albert Freiherr von Schrenck-Notzing an der Max-Joseph-Straße 3 (heute 9). Seine »Drei Berichte über okkultistische Sitzungen« vom Dezember 1922 und Januar 1923 erscheinen in Schrenck-Notzings Buch *Experimente der Fernbewegung* (1924). Der Öffentlichkeit bietet Thomas Mann diese Berichte unter dem Titel *Okkulte Erlebnisse*, nicht nur im Märzheft 1924 der *Neuen Rundschau*, sondern auch in einem eigenen, heute hoch gehandelten bibliophilen Sonderdruck. Zudem hat Thomas Mann diese Erlebnisse wiederholt in Vorträgen mitgeteilt. Dass ihn dabei das Interesse des Forschers, nicht das des Scharlatans bewegt habe, teilt er der Redaktion der Münchener *Telegramm-Zeitung* am 7. Dezember 1923 mit.

Den aus medizinischer Sicht kritisierten *Zauberberg* verteidigt Thomas Mann 1925 in einem offenen Brief an den Herausgeber der *Deutschen Medizinischen Wochenschrift.* Unter dem Titel »Vom Geist der Medizin« bemüht er sich darum, Vorbehalte und Missverständnisse auszuräumen, und nennt sein »europäisches Buch« einen »Lebensdienst« (XI, S. 595), von dem im *Zauberberg* (Fünftes Kapitel: »Launen des Merkur«) bereits ausdrücklich die Rede sei (5.1, S. 349). Tod und Krankheit seien in dem Roman »große Erzieher« (XI, S. 595), und sein Held Hans Castorp habe das »Vorgefühl einer neuen Humanität« (XI, S. 596) entwickelt.

Den schwersten Gang musste Thomas Mann zu Gerhart Hauptmann antreten. Der war nach Erscheinen des *Zauberberg* von seinem literarischen Spiegelbild Mynheer Peeperkorn alles andere als begeistert. In seinem Leseexemplar notierte der Nobelpreisträger für Literatur von 1912: »Dieses idiotische Schwein soll Ähnlichkeit mit meiner geringen Person haben«, und: »Wer ist nun hier der Schwätzer: Peeperkorn oder Mann?« Der Dichter, den Thomas Mann noch 1922 in seinem Vortrag *Von deutscher Republik* mit Blick auf den königlichen Helden seines Romans einen »Volkskönig« (XI, S. 812), sogar den »König der Republik« (ebd.) genannt hatte, zeigte sich ›not amused‹. Mit dem Hinweis, dass man diese Bezeichnungen auch als Auszeichnung verstehen könne, bemühte sich Thomas Mann in einem Brief an Gerhart Hauptmann am 11. April 1925 darum, Abbitte zu leisten. Er habe sich versündigt, gab er zu; aber er habe im geistig-künstlerischen Sinne recht gehabt. Er bitte darum, ihm die »Künstlersünde« (XI, S. 598) zu vergeben.

Als Leser des Romans stellte ein junger Buchhändler in Stuttgart zu Beginn des Jahres 1927 Thomas Mann direkt einige wichtige Fragen. Die Antwort Thomas Manns vom 2. Februar 1927 über den Zusammenhang zwischen der »Sympathie mit dem Tode« und der »Lebensfreundlichkeit« hat ausgesprochen programmatischen Charakter und formuliert die entscheidenden Gegensätze seiner Lebensphilosophie (23.1, S. 276). Sie lässt sich auch als »Ironie nach beiden Seiten hin« (13.1, S. 100, 115, 602) bezeichnen, die das ›Sowohl als auch‹ dem ›Entweder oder‹ vorzog (vgl. *Thomas-Mann-Schriftenreihe*, 2005, Bd. 6, sowie den Erstdruck des Briefes als bibliophile Broschüre im Verlag Ulrich Keicher, Warmbronn, 2005).

Bemerkenswert ist schließlich, dass Thomas Mann seinen berühmten Wagner-Aufsatz »Leiden und Größe Richard Wagners« (1933), der ihn die Existenz in Deutschland gekostet hatte, im Exil in Küsnacht bei Zürich am 11. Juli 1934 im Tagebuch »ein rechtes Stück aus dem Zauberberg« nennt und damit dem epochalen Diskussionsrahmen des Romans zuordnet (vgl. *Thomas-Mann-Schriftenreihe, Fundstücke* Bd. 7, 2017, S. 151).

## Unter Freunden

Kaum war das Buch erschienen, da wurde es gleich vielfach verschlungen. Der Freund und Schriftstellerkollege Bruno Frank schreibt in einem Brief aus Feldafing vom 13. Dezember 1924 nach der ersten Lektüre, er sei noch ganz trunken von dem Buch, über das man, wie Thomas Mann selbst gemeint habe, entweder nur eine Karte oder gleich wieder ein Buch schreiben könne. So sage er, Bruno Frank, auch nur »mit zwei Worten«, ihm scheine der *Zauberberg* »der größte Bewußtseins-Zuwachs« zu sein, »der unserer Zeit hat zuteil werden können«.

Das Buch müsse und werde seine Wirkung zeigen, wenn auch vielleicht nicht sofort: »Die Seele unseres Landes und nicht nur des unseren wird klarer, sauberer, schöner ausschauen, wenn dies Werk seine Wirkung getan hat – was eine gute Weile dauern wird, denn eine solche Wirkung geht durch tausend Kanäle und kapillare Verästelungen.« Für Bruno Frank steht der Rang des *Zauberberg* fest: »Es ist mein fester Glaube, daß seit Nietzsches Aufhören in Deutschland kein so lebenswichtiges Buch geschrieben worden ist«. (Deutsches Literaturarchiv, Marbach a. N.)

Auch die ebenfalls zum Freundeskreis der Familie Mann gehörende Schriftstellerin Annette Kolb äußerte sich in einem Brief aus Badenweiler begeistert: »Ach lieber Thomas Mann, verehrter Thomas Mann, warum ist Ihr Roman nicht noch um tausend Seiten länger! Nun bin ich zu Ende damit, und er fehlt mir an allen Ecken. (...) Ihr Buch ist herrlich, dreimal herrlich, reich an Unausgesprochenheiten bei so viel Ausgesprochenem. Aber so lange ich ihn las, war ich selbst in einem Zauberberg, ganz benommen, ganz abgezogen (...).« (Thomas Mann: *Briefwechsel mit Autoren*, hrsg. von Hans Wysling, 1988, S. 268)

Eine Gegenstimme erhebt der zum erweiterten Münchener Bekanntenkreis Thomas Mann gehörende Schriftsteller Josef Ponten am 2. Februar 1925. Nach dem Lob für Sprache und Stil kritisiert er den Stoff: »Es geht etwas Lähmendes, Entmutigendes davon aus.« Es sei keine Zuversicht darin, kein Appell an die Jugend; das Buch stimme traurig, auch wenn er oft habe auflachen müssen. In seiner Antwort wirft Thomas Mann dem Freund dessen Blindheit nicht vor, doch er fragt ihn, ob ihm »in aller Kunst- und Literaturgeschichte wohl schon einmal der Versuch vorgekommen« sei, »*den Tod zur komischen Figur zu machen*? Das aber geschieht buchstäblich im *Zauberberg*.« (*Thomas-Mann-Studien*, Bd. 8, S. 61, 63)

Etwas spröde dankt Bruder Heinrich am 11. Dezember 1924 »bestens für das schöne Geschenk« und freut sich darüber, dass seine Frau Mimi nun »wochenlang« etwas zu lesen habe. Der noch vor dem Krieg begonnene und während der Jahre des tiefsten Bruderzwistes fortgesetzte *Zauberberg* bleibt Heinrich Mann – zwei Jahre nach der Aussöhnung mit dem Bruder – zunächst vermutlich fremd. Selbst noch mit dem Roman *Der Kopf* (1925) beschäftigt, ringt er sich immerhin das kollegiale Wort ab: »Wer dies große Werk getan hat und es fertig sieht, muß wohl froh und erleichtert sein.« (Thomas Mann, Heinrich Mann: *Briefwechsel 1900–1949*, hrsg. von Hans Wysling, 1995, S. 182) Noch anlässlich der Verleihung des Nobelpreises an Thomas Mann nannte Heinrich Mann am 12. November 1929 im Berliner Rundfunk den *Zauberberg* distanziert und allgemein ein »deutsches Lehrbuch der persönlichen Entwicklung« eines Bürgersohnes, der nun für sein Volk spreche.

## Öffentliche Stimmen

In den ersten feuilletonistischen Reaktionen auf den *Zauberberg* mischen sich Anerkennung für eine große Leistung mit Vorbehalten gegenüber Thema und Stil. So erkennt beispielsweise Erich August Greeven am 7. Dezember 1924 in der *Neuen Täglichen Rundschau* (Berlin) eine kosmische Struktur des Romans: »Um Hans Castorp läßt der Dichter ein System von Sonnen in sorgfältig abgezirkelten Bahnen kreisen, deren Licht in verschiedenster Brechung auf die offenen Tore seiner Seele fällt, ihn erhellt und von Stufe zu Stufe führt.« Und auch wenn beim Blick auf die 1200 Druckseiten klar werde, dass dem Ganzen »jede Spur novellistischer Straffung und jeder dramatische Akzent mit Vorbedacht fehle«, dass hier »alles episch und rein episch« sei, bleibe am Ende doch nur die Verneigung »vor dem männlichen Ernst und der sittlich hohen Würde der Gesinnung«.

Möglichen Gegenstimmen tritt der Bonner Literaturwissenschaftler Berthold Litzmann, verantwortlich für die Verleihung der Ehrendoktorwürde der Universität Bonn 1919 an Thomas Mann und nach seiner Emeritierung seit 1921 Nachbar Thomas Manns im Münchener Herzogpark, präventiv entgegen und betont bereits am 4. Dezember 1924 im *Hannoverschen Kurier*, der *Zauberberg* sei »kein politisches Buch – er ist niemand zuliebe und niemand zuleide geschrieben. Mag Hans Castorps Objektivität reinen Bekennernaturen nicht behagen – Thomas Mann steht diese Objektivität gut, sie gehört zu seinem ureigentlichen Wesen, und immer gibt es den reinsten Klang, wenn er diesen seiner Natur getreu gestaltet. Und eben deshalb steht er mit diesem seinem neuesten Werk auf der freien Höhe unbestrittener Meisterschaft.«

Das half jedoch nicht viel. In der *Frankfurter Zeitung* veröffentlichte Bernhard Diebold am 19. Dezember 1924 einen glatten Verriss. Hans Castorp, »blutarm und didaktisch«, habe »Thomas Manns sämtliche Probleme und Antithesen durch seinen nur durch Krankheit geistwillig gewordenen Bürgerkörper durchströmen lassen« und sei letztlich nicht viel mehr »als ein Sammelapparat für die Enzyklopädie der Mann'schen Bildung«. *Der Zauberberg* sei ein »furchtbares Buch« geworden.

Ein weiterer Verriss im Februar-Heft 1925 des *Neuen Merkur* (München) ist symptomatisch für eine junge, konservative Generation, die die sich durch Thomas Manns Bekenntnis zur Republik verraten sieht. Für den Münchener Literaturwissenschaftler und Fontane-Spezialisten Conrad Wandrey ist Thomas Mann der alte Kunstgreis, der der volk- und naturhaften Jugend mit einem an Stefan George orientierten Dichterideal nichts mehr zu sagen habe. Wie der Briefwechsel zwischen Thomas Mann und Conrad Wandrey zeigt (*Thomas-Mann-Schriftenreihe*, Bd. 4, 2004), ging Thomas Mann ernsthaft und souverän auf den formulierten Dissens und die an Josef Pontens Einwände erinnernden Vorbehalte ein, vermochte aber nicht, sie auszuräumen. Die weitere kulturpolitische Entwicklung zwang Thomas Mann ins Exil und schien völkischen Idealisten wie Wandrey recht zu geben. Nachdem Wandreys Wohnung in München nach einem Bombenangriff ausgebrannt war, beging der Kritiker kurz vor Kriegsende in Pasing Selbstmord.

In der katholisch-nationalen *Augsburger Postzeitung* vom 18. Februar 1925 vermisst Arthur Friedrich Binz, trotz der dichterischen Qualität, beim *Zauberberg* den aktuellen Bezug; das Buch weise »uns keinen Weg aus unseren tausend Nöten«. Ganz ähnlich, wenn auch mit stilistischen Vorbehalten, äußert sich Otto Schabbel in den *Hamburger Nachrichten* am 23. August 1925: »Wir waren froh, dem Naturalismus entronnen zu sein, und sehn uns nun hier einer Wiedergeburt dieser Kunstform, ja sogar in einer außerordentlich raffinierten Blüte, gegenüber. Einer literarischen Röntgenplatte, wenn auch mit weiten geistigen Horizonten. Sie interessiert den Kundigen und lockt wie alles Geheimnisvolle den Laien. Aber wir scheiden arm, wie wir kamen, von dieser mit geistigen und formalen Leckerbissen reichbesetzten Tafel. Hans Castorps Werdeprozeß haben wir durch alle Varianten verfolgt, die spirituellen Waffengänge der Kontrahenten mit Interesse vernommen, – was aber hat an unsere Seelen gerührt?«

Der Mediziner sieht wiederum ganz andere Qualitäten. Fritz Klemperer fasst in der *Frankfurter Zeitung* vom 22. Juni 1926 die ärztlichen Urteile über den Roman zusammen. Und Ernst Stern schließt 1926 seinen Beitrag in der Zeitschrift *Literatur* über

»Krankheit als Gegenstand dichterischer Gestaltung« mit einem herausragenden Lob des *Zauberberg*:

»Die dichterische Gestaltung des Krankheitserlebens stößt gerade deshalb auf so starken Widerhall, weil es sich hier um ein allgemein-menschliches Schicksal handelt, das keinem erspart bleibt. Nicht zuletzt darauf beruht auch das brennende Interesse, das zum Beispiel Thomas Manns *Zauberberg* findet.

Er zeigt typische Lebensschicksale, aber er malt sie vollendet, abgeschlossen, gelöst. Wie immer, so tun wir auch hier tiefe Blicke in die Seele der Kranken; Dilthey bemerkt einmal, daß wir alle mit den Augen der großen Dichter sehen, daß sie unseren Blick geschärft haben für das Sehen und Verstehen der wirklichen Menschen. So wird auch der Arzt, so wird der, der etwa Davos besucht, immer und immer wieder den Hans Castorp, den Joachim Ziemßen, den Hippolyt, den ›disagreable man‹ und so weiter begegnen. Wir verdanken dem Dichter hier Einsichten, wie die wissenschaftliche Psychologie sie uns bisher nicht in reichem Maße beschert hat, ja wie diese sie vielleicht auch nicht in gleichem Maße zu bieten imstande ist.«

Mit souveränem Blick auf die große Leistung sieht der Thomas-Mann-Biograph Arthur Eloesser im Januarheft 1925 der *Neuen Rundschau,* dass der Autor mit dem *Zauberberg* eine neue Stufe innerhalb seines Schaffens erreicht habe: »Große Romane sind immer große Bekenntnisse gewesen, ein Abschluß und ein Wiederanfangen, das sich durch die Zustimmung von uns allen bestätigt. Solche Werke, die jeden persönlich aufrufen, sind einigend, sind erziehend, und das Beste, was unsere erzählende Literatur vermocht hat, ist ja immer der Erziehungs- oder der Bildungsroman gewesen. Bildung ist erfüllte, ist persönlich gewordene Zeit, ist Wachstum auch im Ablegen, im tragisch fruchtbaren Verlieren.«

Für den Autor bedeute der Roman aber noch viel mehr: »In Thomas Mann streitet nicht mehr der Künstler mit dem Bürger; auf einer gewissen Stufe des Alters und der Reife angekommen, die rein literarische oder artistische Probleme unter sich läßt, will der Künstler zum Weisen werden. Wie ist dieser Thomas Mann gewachsen, wie ist sein Geist zu einer Macht geworden und seine Kunst zu einem tiefen und heiteren Spiel, zu einer Anweisung, die uns das Leben einsetzen und wiedergewinnen lehrt.« Das bedeutet zuletzt einen Appell an die unmittelbare Gegenwart: »Dieses Werk ist eine Überwindung, es beginnt abendlich mit einem Totentanz und endet morgendlich mit einem Weckruf des Lebens. Jede Reveille hat einen nüchternen, hellen, ermutigenden Ton. Wir verdanken Thomas Mann ein ungemein lebendiges, ein unvergleichlich geistreiches, wir verdanken ihm noch mehr, nämlich ein männliches und fröhliches Werk.«

## Weltliteratur

In den großen Zusammenhang der Weltliteratur stellt den *Zauberberg* als einer der Ersten der Romanist Ernst Robert Curtius, der Marcel Proust und James Joyce in Deutschland bekannt machte. In einer Studie der *Neuen Rundschau 1926* über den damals noch nicht auf Deutsch erschienenen Roman *Les Faux-Monnayeurs* (*Die Falschmünzer*, 1925) von André Gide zieht Curtius einen interessanten Vergleich:

»Man hat anläßlich der *Faux-Monnayeurs* an Dostojewskij erinnert: eine jener absurden Verknüpfungen, die allenfalls in der Konversation erträglich sind. Wenn man einen Beziehungspunkt sucht, eine unterirdische Verwandtschaft gleichsam, an der das Besondere des Werks sich klärt, so ist es – ich deutete es an – der *Zauberberg*. André Gide und Thomas Mann sind Künstler der Reflexion. Beider Schaffen zeigt den alternierenden Rhythmus von kritischer Erörterung und epischem Bilden. Beide geben um die Wende des fünfzigsten Jahres das lang erwartete gewichtige Buch, das die Summe einer künstlerischen Existenz zieht. Bei beiden ist der große Roman der Reife erwachsen aus der Kombination einiger intellektueller Motive und eines sorgfältig aufgeschichteten, bewußt gesammelten Bestandes von Anschauung und zeitgeschichtlichem Stoff. Beide sind Meister des Handwerks und lösen ihre Aufgabe mit dem Können, das nur durch lange Zucht erworben wird. Bei beiden finden sich mehr Feinheit als Stärke, mehr Können als Müssen, mehr konstruktive Intelligenz als spontane Naivität. Der Deutsche ist treuherziger, metaphysischer, dichterischer. Der Franzose ist subtiler, neugieriger, psychologischer. Der Deutsche hat mehr Gemüt und mehr Ernst. Der Franzose mehr Spielfreude und mehr Ironie. Beide sind Sprecher, nicht Beherrscher ihrer Epoche.«

## Verehrung und Skepsis

Zum fünfzigsten Geburtstag Thomas Manns erschien 1925 in München in einer Auflage von hundert Exemplaren ein von Ida Herz mit zwei Freunden (Max Niederlechner und Karl H. Silomon) verfasster dreißigseitiger Privatdruck *Thomas Mann und sein Zauberberg* als Huldigung der jüngeren, um 1890 geborenen Generation. Der Roman mit seiner Entscheidung zur Demokratie, zu »europäischer Kultur und Humanität«, bildet für die Freunde einen hoffnungsvollen Blick nicht nur für die Zukunft des Autors, sondern auch für die eigene.

Ida Herz ordnete damals Thomas Manns Münchener Bibliothek und legte als »Archivarin des Zauberers« (Friedhelm Kröll) eine Dokumentation an, die sie über das Exil in England hinaus retten konnte und dem Thomas-Mann-Archiv in Zürich übereignete; der umfangreiche Briefwechsel Thomas Manns mit Ida Herz ist noch weitgehend unveröffentlicht.

Fünfzig Jahre und einen Weltkrieg später war Thomas Mann ein Klassiker. Anlässlich seines hundertsten Geburtstags am 6. Juni 1975 fragte der S. Fischer Verlag prominente Intellektuelle nach ihrem Verhältnis zu Thomas Mann und versammelte die Antworten in einer Broschüre: *Thomas Mann. Wirkung und Gegenwart.*

Als begeisterte Leser des *Zauberberg* bekannten sich dabei der Rhetorik-Professor Walter Jens (»Buch der Bücher«), der Filmregisseur Helmut Käutner, der russische Dichter Lew Kopelew und der deutsch-französische Literaturwissenschaftler Robert Minder. Günter Grass ließ verlauten, ihm sei der *Doktor Faustus* das liebste Buch, zuletzt habe er allerdings den *Zauberberg* wieder gelesen. Seiner Meinung nach sollten junge Menschen heutzutage von Thomas Mann vor allem die *Buddenbrooks* und einige Erzählungen kennen.

Die Zeitschrift *text + kritik* stellte 1976 für einen Sonderband *Thomas Mann* zeitgenössischen Autorinnen und Autoren drei Fragen nach ihrem Interesse, der Bedeutung und dem Rang Thomas Manns. Die Vorbehalte überwogen. Alfred Andersch, der als Vertreter der jungen Generation 1952 in einem großartigen Aufsatz »Thomas Mann als Politiker« gewürdigt hatte, wofür ihm der alte Herr ausdrücklich dankte (»welche Stimme des Wissens und loyaler Intelligenz inmitten des quälenden Geschreis der Dummheit«), gestand, den *Zauberberg* nicht mehr lesen zu können. Während Günter Herburger und Wolfgang Hildesheimer kein Interesse bekundeten, führten Erich Fried, Peter Härtling und Alexander Kluge ihre Antworten differenzierter aus. Die schönste Replik gab Wolfgang Koeppen: »Ich fühle mich nicht von Thomas Mann beeinflußt. Sein Handwerk, sein Können, seine Kunst und seine Kunstfertigkeit bewundere ich sehr. Ich war hingerissen, wenn der Meister zauberte.«

## Wege der Forschung

Die Literaturwissenschaft macht es sich zum Glück nicht so einfach wie jene Dame in Berlin, die seinerzeit den *Zauberberg* gleich wieder in den Buchladen zurückbrachte und bat, ihn gegen den *Graf von Monte Christo* einzutauschen, der etwa gleich dick, aber doch erheblich spannender sei. Die Wissenschaftler haben stattdessen den *Zauberberg* immer wieder im Modell nachgebaut, um ihn so besser erschließen zu können.

Die beste Einführung in die Entstehungsgeschichte des Romans ist der Beitrag von Hans Wysling im alten *Thomas-Mann-Handbuch* (1995). Besonders überzeugend wirkt die Darstellung, wie Hans Castorp – und durch ihn auch sein Autor – zwischen den geistigen Gegensätzen Settembrini und Naphta, zwischen Leben und Tod, ein »Lebensja« entwickelt habe. Das spielt an auf »die Todesromantik plus Lebensja im Zauberberg«, die Thomas Mann im Tagebuch vom 14. September 1918 als zentrale Motive festhält.

Der Artikel von Meinhard Prill in *Kindlers Neues Literaturlexikon* nennt die wichtigsten Ansätze der Forschung bis 1988, darunter die Bedeutung der Philosophie Arthur Schopenhauers, Friedrich Nietzsches und der Psychoanalyse Sigmund Freuds für Leben und Werk Thomas Manns. Einen aktualisierten Zugang bietet Katrin Max im neuen *Thomas Mann Handbuch* (2015).

Das Buch *Der Untergang des Abendlandes* (1918) von Oswald Spengler hatte während der zweiten Schreibphase großen Einfluss auf den Autor. Dem Maler Ludwig von Hofmann (1861–1945) und der Bedeutung seiner Bilder für Thomas Mann privat und speziell für den *Zauberberg*, widmet Heinz Sauereßig seine Broschüre *Die Entstehung des Romans Der Zauberberg‹* (1967). Neben zwei ergiebigen Essays zur Entstehung und zur »medizinischen Region« des Romans versammelt er auch erste zeitgenössische Rezensionen (1965). Helmut Koopmann ist 1971 eine der besten Darstellungen zu Mythos und Psychologie bei Thomas Mann mit Blick auf die Rolle des Götterboten Hermes zu verdanken; seine Studie *Die Entwicklung des ›intellektualen Romans‹ bei Thomas Mann. Untersuchungen zur Struktur von› Buddenbrooks‹,› Königliche Hoheit‹ und ›Der Zauberberg‹* (1971) ist weiterhin lesenswert. Unter den Teilnehmern einer *Besichtigung des Zauberbergs* findet sich 1974 auch der Schriftsteller Martin Walser.

Die Nähe von Wort und Musik bei Thomas Mann ist Thema in Eckhard Heftrichs Darstellung der *Zauberbergmusik* (1975). Ein faszinierendes Pandämonium bietet Siegmar Tyroff 1975 in seiner Arbeit über *Namen bei Thomas Mann in den Erzählungen und den Roman Buddenbrooks, Königliche Hoheit, Der Zauberberg.*

Die Forschungsliteratur bis 1988 resümiert Rudolf Wolff in dem Band *Thomas Mann. Aufsätze zum Zauberbergs*. Viele interessante Beiträge zum *Zauberberg* lassen sich zudem im *Thomas-Mann-Jahrbuch* (seit 1988) und unter den *Thomas-Mann-Studien* des Zürcher Thomas-Mann-Archivs finden. Forschungserträge sind beispielsweise die Vorträge des *Zauberberg*-Symposions in Davos 1994 und die Vortragssammlung der »Davoser Literaturtage 1996«. Eine eigene Studie zu *Nietzsche im Zauberberg* legte Erkme Joseph 1996 vor. Den neueren Forschungsstand fasst souverän Michael Maar zusammen in dem Standardwerk *Geister und Kunst. Neuigkeiten aus dem Zauberberg* (1993). Seine These, dass der *Zauberberg*, aber auch weitere zahlreiche Erzählungen und Romane Thomas Manns, auf die Märchen Hans Christian Andersens zu beziehen sind, hat der Thomas-Mann-Forschung völlig neue Wege eröffnet.

Die Rezeptionsgeschichte des *Zauberberg* zwischen 1920 und 1993 stellt Michael Neumann in dem von ihm herausgegebenen Band der GKFA auch international bis nach China vor. Der *Welt der Wissenschaften* im *Zauberberg* ist 2003 ein eigener Band gewidmet, der zudem eine Bibliographie der Forschungsliteratur zum Thema bietet.

Unter den neueren Forschungstiteln seien mit Blick auf die Verlagsproduktion von Königshausen & Neumann beispielhaft drei Titel von Frauen zum *Zauberberg* hervorgehoben. Ursula Reidel-Schrewe untersucht *Die Raumstruktur des narrativen Textes* (1992); Astrid Roffmann widmet sich beim Thema *Natur im Werk Thomas Manns* (2002) auch dem Hochgebirge, und Ulla Stemmermann beschäftigt sich unter dem Zitat-Titel *»Ein einfacher junger Mann reiste«* mit *Thomas Manns Transposition des ›Candide‹ Voltaires in den ›Zauberberg‹* (2003).

Wohltuend sachlich wirkt dagegen eine knappe Studie (40 S.) von Eva de Voss, die 2014 unter dem Titel *»... wahrscheinlich rheinischer Herkunft«* der Pietà Röttgen aus dem Landesmuseum Bonn als Vorbild für Naphtas Pietà (vgl. Sechstes Kapitel: »Vom Gottesstaat und übler Erlösung«) nähere Aufmerksamkeit gewidmet hat (*Schriften des Ortsvereins BonnKöln der Deutschen Thomas Mann-Gesellschaft*, Bd. 9). Der Musik bei Thomas Mann, besonders der Grammophon-Musik im *Zauberberg* widmet sich Volker Mertens in seiner umfangreichen Studie *Groß ist das Geheimnis. Thomas Mann und die Musik* (2006), der eine CD mit historischen Tondokumenten beigegeben ist.

Die wissenschaftliche Produktion zum Zauberberg hat mittlerweile ein eigenes zweites Literaturgebirge entstehen lassen, das weiter anwächst. Die »Bergverzauberung« wird dabei umso rätselhafter, je mehr man sie wissenschaftlich erkundet! Eine rühmliche Ausnahme bildet die neueste italienische Ausgabe des *Zauberberg* (*La Montagna Magica*, Milano, 2010) mit einem außerordentlich gründlichen Kommentar von Luca Crescenzi (Universität Trient). Unter Heranziehung einer Reihe neuer Quellen, besonders zur Traumtheorie und zum Spiritualismus um 1900, deutet Crescenzi in der Einleitung und in seinem umfangreichen Kommentar dieser Ausgabe das Thema Melancholie und Traum auf vielfach neue Weise. Die zentrale These zielt darauf, »den ganzen *Zauberberg* als Traum zu lesen« (*Thomas-Mann-Jahrbuch*, Bd. 24, 2011, S. 115).

Seit 2012 veranstaltet die Zauberberg-Stiftung (München) in Zusammenarbeit mit der Universität Augsburg die »Augsburger Zauberberg-Vorträge«; eröffnet wurde die Reihe 2012 von Uwe Timm mit dem Vortrag »Ironie und Begehren. Überlegungen nach dem Wiederlesen des Romans ›Der Zauberberg‹« mit einer neuen Deutung der Liebesnacht von Hans Castorp und Clawdia Chauchat. Weiter trugen dort vor: Wolfgang Frühwald (2014), Uwe Tellkamp (2016) und Thea Dorn (2018).

**»Zauber im Zauberberg«**

Die Gesellschaft der Münchener Bücherfreunde veranstaltete am 13. Februar 1926 in den Räumen der Bücherstube Stobbe am Siegestor, Ludwigstraße 17a, einen »Faschingsabend im Sanatorium Berghof« unter dem Motto »Zauber im Zauberberg«. Auf einer Einladungskarte, die mit »Hofrat Behrens« gezeichnet war, wurden sämtliche »Kurgäste, deren Temperatur 37,6 nicht überschreitet (...), zur Teilnahme aufgefordert« (Bayerische Staatsbibliothek, Nachlass Stobbe).

Die Schriftstellerin Catherina Godwin (1884–1958) gibt einen guten Bericht von dem Geschehen: »Es erschienen die Helden des Thomas Mannschen Romans, Psychiater und Neurastheniker in Horst Stobbes Bücherstube am Siegestor. Hier war ein modernes Sanatorium gegründet, jeder Patient ein Fall für sich, Kokoschkas prangten an den Wänden, die Jazzkapelle intonierte, ›Gerhart Hauptmann‹ schritt durch den Saal, ›Geheimrat Behrens‹, Dr. Freiherr von Schrenck-Notzing, Professor Specht, man hörte die launigernsthaftesten Reden und sah die schönsten Krankenschwestern. Es war intim, doch im Gegensatz zu anderen Schwabinger intimen Festen war hier (trotz okkulter Übermacht!) alles hell, freudig, klar, man konnte gute Witze ohne Drastik belachen und gute Gestalten bewundern. (...) Waren auch die Prominenten des Abends nicht alle durchaus mit sich identisch, so schien man dennoch von ihrer Maske und ihrer Pose bezwungen: Professor [Karl] Gruber als ›Geheimrat Behrens‹, Günther Hildebrand als ›Gerhart Hauptmann‹. Es gab auch unmaskierte Prominente wie den Verleger Kurt Wolff, der sich immer vorzüglich spielt, es gab glänzend Maskierte wie Dr. von Faber du Faur, der als ›Settembrini‹ lebhaften Applaus errang.« (Zitiert nach Rudolph Adolph, Sammler in Bayern II, 1968, S. 137f.). Thomas Mann selbst musste seine Teilnahme an dem Fest absagen, da er an einer Grippe erkrankt war.

## Parodien

Die erste nachweisbare Parodie auf Thomas Mann überhaupt gehört in den *Zauberberg*-Umkreis und bezieht sich in einem fingierten Brief an die *Münchner Neuesten Nachrichten* am 23. April 1925 auf die *Okkulten Erlebnisse* (vgl. *Thomas-Mann-Schriftenreihe*, Bd. 6, 2005).

Thomas Manns Jugendfreund Otto Grautoff berichtet sodann in einer Kolumne der Zeitschrift*Die Literatur* im Jahr 1926, dass ein junger begabter Autor namens J. Kessel seinen bei Gallimard erschienenen Roman *Les Captifs* (Die Gefangenen) ebenfalls in einem Sanatorium unter Schwindsüchtigen spielen lasse: »Der

Dichter beginnt wie Thomas Mann im Flachland, stellt in die Mitte der Handlung einen robusten, harten, egoistischen Tatmenschen, der in der Gemeinsamkeit menschlichen Leidens empfindsam und warm wird. In den Nebengestalten sind alle Arten der Angst, der Flucht, der Feigheit vor dem Tode und letzte verzweifelte Lebensintensität geschildert. Es wäre reizvoll, das deutsche und das französische Werk im einzelnen zu vergleichen.«

Auf einer anderen, eher humorvollen und ausdrücklich nachahmenden Ebene liegt *Der kleine Zauberberg. Ein klinisch-epigonaler Roman in Versen* von Robert T. Odemann. Das 60-seitige Bändchen erschien 1948 im Berliner Verlag »Der Neue Geist« mit Illustrationen von Eva Schwimmer.

Eine Parodie auf die Bahnfahrt Hans Castorps hinauf in die »extremen Gegenden« des schweizerischen Hochgebirges und zugleich einen düsteren Kontrapunkt dazu bildet die grausige Geschichte ›Der Tunnel‹ (1952/1978) von Friedrich Dürrenmatt. Ein 24-jähriger Student, Freund brasilianischer Zigarren, gerät mit seinem Zug statt nach Zürich auf den Abweg ins Erdinnere, in das er zuletzt haltlos hinunter stürzt.

Dagegen ist der 1997 im Frankfurter Eichborn Verlag unter dem Pseudonym Jens Walther erschienene angebliche Schlüsselroman auf den Frankfurter Literaturbetrieb mit dem Titel *Abstieg vom Zauberberg* so »dämlich« (SPIEGEL), dass er zum Glück schon längst wieder in der Versenkung verschwunden ist.

Große Aufmerksamkeit erfuhr 2004 der polnische Autor Pawell Huelle (Jg. 1957) mit seinem bei C.H. Beck erschienen Roman *Castorp*. Aus dem Satz im *Zauberberg*, dass Hans Castorp einige Semester in Danzig studiert habe (5.1, S. 59), entwickelt Huelle eine Episode im Jahr 1904, die sich nicht nur zu einem eigenen Bildungsroman auswächst, sondern auch noch einigen Aufschluss gibt über die komplizierten und schmerzhaften Beziehungen zwischen der deutschen und der polnischen Kultur.

## Hitlisten

Der *Zauberberg* behauptet sich sogar auf den Hitlisten des Medienzeitalters. Dabei erstaunt es weniger, dass der Literaturkritiker Marcel Reich-Ranicki den Roman in seinen *Kanon. Die deutsche Literatur* (2000) aufgenommen hat. Überraschender war schon, dass *Der Zauberberg* in einer Umfrage des ZDF für die (heute kaum noch vorstellbare) Sendung *Unsere Besten. Das große Lesen* vom 1. Oktober 2004 unter 50 Titeln Platz 22 einnahm; mit seinen Romanen *Buddenbrooks* (Platz 6) und *Joseph und seine Brüder* (Platz 46) hatte Thomas Mann damals sogar noch zwei weitere Titel im Rennen und war als einziger Autor in dieser Umfrage gleich dreifach vertreten.

## Politisches

Wie politisch der *Zauberberg* gerade in unseren Tagen gelesen werden kann, ja gelesen werden *muss*, zeigt eine Reaktion auf die Terroranschläge in New York vom 11. September 2001. Der deutschamerikanische Germanist Frederick A. Lubich (Jg. 1951) von der Old Dominion University of Norfolk, Virginia, hat am 26. Oktober in der *Frankfurter Allgemeinen Zeitung* darauf hingewiesen, dass der »Tugendkatalog des internationalen Terrors« sich schon in den Thesen Leo Naphtas finde: »Naphtas Verschränkung von Frömmigkeit und Gewalt verabsolutiert sich schließlich zur ›heiligen Grausamkeit‹.[5.1, S. 688] (...) Und auch Naphtas millenarische Hoffnung auf die Herrlichkeit der Gotteskindschaft [5.1, S. 578] kehrt wieder in der radikalislamischen Verheißung, daß Allah seine (selbst-) Mord-Märtyrer als *ultima ratio* der Persönlichkeitsvergewaltigung mit der ewigen Seligkeit belohne.‹« *Der Zauberberg* ist somit nicht nur historisch, sondern erst recht mit dem Blick auf unsere eigene aktuelle Gegenwart zu lesen!

Diese Einstellung teilte auch der tragisch verunglückte polnische Präsident Lech Kaczynski (1949–2010). Am 30. Oktober 2005 bezeichnete er den *Zauberberg* in der *Frankfurter Allgemeinen Sonntagszeitung* als seinen »liebsten Roman«. Die Begründung zeugte von tiefem Verständnis für das Buch und seine Intentionen. Im Streit »zwischen den beiden ideologischen Gegenspielern Leo Naphta und Lodovico Settembrini kommt ein Kampf zweier kultureller Auffassungen zum Vorschein, der unabhängig davon ist, daß Thomas Mann diesen Roman in seinen spezifischen Zeitumständen geschrieben hat. (...) Settembrini erschien uns [1969] als Symbol der Opposition gegen den Totalitarismus. (...) Naphta (...) steht vielmehr für die Verfügbarkeit eines Teils der Intelligenz durch totalitäre Ideologien.«

## Vor Ort

Wer sich näher für Davos und seine Gebäude, die damalige und heutige Situation des Zauberbergs interessiert, kann sich gleich mit mehreren Büchern beschäftigen. Einen kundigen und kurzweiligen Spaziergang durch das einstige Waldsanatorium (heute Waldhotel Davos) mit Hilfe alter Photos bietet Ken Lindenberg mit dem Bändchen *Thomas Mann und Davos. Rund um den Zauberberg* (1989).

Ungleich ausführlicher stellt Thomas Sprecher, der langjährige Leiter des Thomas-Mann-Archivs in Zürich, den Bezug zum Roman her in dem Band *Davos im ›Zauberberg‹. Thomas Manns Roman und sein Schauplatz* (1996). Er bleibt keine Auskunft schuldig und präsentiert zahlreiche bis dahin unbekannte Quellen und Dokumente.

Die Neugier des Journalisten Günther Schwarberg bei seiner Erkundung *Es war einmal ein Zauberberg* (1996) bezieht noch die näheren und weiteren Lebensumstände Thomas Manns in seine Darstellung mit ein.

Das »Villino« in Feldafing am Starnberger See als wichtigen Schreib- und Erlebnisort für den *Zauberberg* in der Zeit des Neubeginns ab Ostern 1919 dokumentiert der Verfasser in der Monographie *Thomas Manns »Villino« in Feldafing am Starnberger See 1919 bis 1923 mit der Erstveröffentlichung der Briefe Thomas Manns an Georg Martin Richter 1901 bis 1942* (München, P. Kirchheim Verlag, 2001).

Seit 2009 lädt Marianne Rott mit dem Buch *Zauberberg-Wanderung. Vom Waldhotel Davos zum Thomas-Mann-Platz auf der Schatzalp* (Königshausen & Neumann) dazu ein, »Literarische Stationen auf dem Thomas-Mann-Weg« zu erkunden; außerdem erfährt man in einem »Exkurs zum ›Lieblingsplatz Hans Castorps‹«, wo genau der sich befunden hat bzw. heute noch befindet. In sieben Kapiteln mit drei Themenkreisen (Zeit, Humanismus, Leben), einem »Kernereignis (Schneesturm)«, der erklärten »Intention des Romans«, die Schaffung einer »neuen Humanität«, sowie dem Exkurs zum »Lieblingsplatz Hans Castorps« bringt die Autorin zudem die 10 Stationen eines Bergwanderwegs unter, auf dem Texttafeln mit *Zauberberg*-Zitaten den Roman geradezu wieder in diejenige Landschaft zurückführen, aus der er einst gewonnen worden war.

Davos. Morgenstimmung. Fotopostkarte, um 1925.
Foto: ETH-Bibliothek Zürich, Thomas-Mann-Archiv / Fotograf: Unbekannt / TMA_2264.

# Anhang

## Zum Weiterlesen

Zitiert wird im vorliegenden Buch sowohl nach Thomas Manns *Gesammelten Werken in dreizehn Bänden* (1990, Bandzählung römisch I-XIII) als auch nach der *Großen kommentierten Frankfurter Ausgabe der Werke Thomas Manns* (GKFA, 2000ff., Bandzählung, mit Teilbänden, arabisch). Die Textstellen im *Zauberberg* selbst werden nicht einzeln nachgewiesen; sie lassen sich aber bei Bedarf nach Band III der *Gesammelten Werke in dreizehn Bänden* verifizieren, die mit Hilfe von Stichworten über eine japanische Webseite (http://www.flc.kyushu-u.ac.jp/~hgmc/) erschließbar sind.

Wertvolle Angaben zur Biographie enthalten Katia Manns kuriose *ungeschriebene Memoiren,* die ihr Sohn Michael 1974 zusammen mit Elisabeth Plessen nach Interview-Abschriften herausgab.

Peter de Mendelssohns *Nachbemerkungen zu Thomas Manner* (1982, zwei Bände) sowie seine Kommentare zu den von ihm herausgegebenen *Gesammelten Werken in Einzelbänden«* (20 Bände seit 1980), sind als kenntnisreiche Einführungen sehr zu empfehlen. Viele *Zauberberg*-Details enthält auch de Mendelssohns Monographie *S. Fischer und sein Verlag* (1970). Auch in ihrer fragmentarischen Form ist die erste große Thomas-Mann-Biographie von Peter de Mendelssohn für viele Detailfragen weiterhin unverzichtbar: Der *Zauberer. Das Leben des deutschen Schriftstellers Thomas Mann. Erster Teil 1875–1918 (1975)*; *Jahre der Schwebe: 1919* und *1933. Nachgelassene Kapitel. Gesamtregister* (Hrsg. von Albert v. Schirnding, 1992).

Nach den ersten vollständigen Biographien von Klaus Harpprecht und Donald A. Prater (beide 1995) zieht Hermann Kurzke eine Summe seiner langjährigen wissenschaftlichen Beschäftigung mit Thomas Mann in der ausgezeichnet geschriebenen und als Standardwerk geltenden Biographie *Thomas Mann. Das Leben als Kunstwerk* (1999).

Dies alles sind zweifellos wichtige Bergführer und kundige Hüttenbücher für die verschiedenen Höhenlager, doch ersetzen sie nicht, genauso wenig wie das vorliegende Bändchen, den eigenen Anstieg zum Zauberberg.

## Zeittafel Thomas Mann
(mit *Zauberberg*-Aspekten)

| | |
|---|---|
| 1875 | Thomas Mann wird am 6. Juni in Lübeck als zweiter Sohn des Senators Thomas Heinrich Mann (1840–1891) und seiner aus Brasilien stammenden Mutter Julia da Silva-Bruhns (1851–1923) geboren |
| 1891 | Tod des Vaters und Liquidierung der hundertjährigen Getreidefirma |
| 1892 | Übersiedelung der Mutter mit zwei Töchtern, Julia (1877–1927) und Carla (1881–1910) sowie dem Sohn Viktor (1890–1949) nach München |
| 1893 | Obersekundareife in Lübeck. Übersiedelung zur Mutter nach München |
| 1896–1898 | Aufenthalt mit dem Bruder Heinrich (1871–1950) in Rom und Palestrina. *Der kleine Herr Friedemann.* Novellen (1898). Beginnt den Roman *Buddenbrooks* |
| 1898–1899 | In München Redakteur des *Simplicissimus* |
| 1900 | Zwei Monate Militärdienst beim Kgl. Bayerischen Leibregiment. *Buddenbrooks* beendet |
| 1901 | *Buddenbrooks. Verfall einer Familie*, zwei Bände |
| 1903 | *Tristan.* Sechs Novellen |
| 1905 | Heirat mit Katia Pringsheim (1883–1980). Geburt der Tochter Erika (1905–1969) |
| 1906 | *Fiorenza.* Drama. Geburt des Sohnes Klaus (1906–1949) |
| 1909 | *Königliche Hoheit.* Roman. Geburt des Sohnes Golo (1909–1994). Bau des Landhauses in Bad Tölz |
| 1910 | Geburt der Tochter Monika (1910–1992). Freitod der Schwester Carla |
| 1912 | *Der Tod in Venedig.* Mai-Juni: Besuch in Davos |
| 1913 | Beginn der Arbeit am *Zauberberg.* Bau des Stadthauses im Münchener Herzogpark |
| 1915 | Unterbrechung der Arbeit am *Zauberberg. Friedrich und die große Koalition. Ein Abriss für den Tag und die Stunde.* Beginn der *Betrachtungen eines Unpolitischen* (1918) |
| 1917 | Verkauf des Landhauses in Bad Tölz |

| | |
|---|---|
| 1918 | Geburt der Tochter Elisabeth (1918–2002). *Herr und Hund. Ein Idyll* |
| 1919 | An Ostern Neubeginn der Arbeit am *Zauberberg*. Geburt des Sohnes Michael (1919–1977). *Gesang vom Kindchen*. Ehrendoktor der Universität Bonn. Nutzung des Sommerhauses »Villino« in Feldafing am Starnberger See (bis 1923). 14. November: Beendet in München das Vierte Kapitel des *Zauberberg«* mit dem Abschnitt »Das Thermometer« |
| 1920 | 8. Januar: Stellt Kapitel 1 und 2 um. Anfang Februar: Grammophon-Erlebnis im »Villino« |
| 1921 | 10. Mai: Beendet in Feldafing das Fünfte Kapitel mit dem Abschnitt »Walpurgisnacht«. 21. Mai: Versieht »vormittags eine Reihe von Zbg.-Abschnitten mit dekorativen Überschriften«. Bis Oktober Arbeit am Vortrag »Goethe und Tolstoi«. Fährt danach mit dem Sechsten Kapitel fort |
| 1922 | *Okkulte Erlebnisse. Von deutscher Republik. Felix Krull* (Fragment) |
| 1923 | Tod der Mutter in Weßling/Oberbayern |
| 1924 | 28. September: »Finis Operis«. 28. November: *Der Zauberberg* erscheint in zwei Bänden |
| 1925 | *Unordnung und frühes Leid.* Novelle |
| 1926 | Beginn der Arbeit an den *Joseph*-Romanen |
| 1927 | Freitod der Schwester Julia |
| 1929 | Nobelpreis für Literatur |
| 1930 | *Mario und der Zauberer. Ein tragisches Reiseerlebnis*. Bau eines Sommerhauses in Nidden (Litauen). Reise nach Ägypten und Palästina |
| 1933 | *Joseph und seine Brüder: Die Geschichten Jaakobs*. Emigration nach Südfrankreich und in die Schweiz. Verlust des Hauses in München und großer Teile des Vermögens |
| 1934 | *Joseph und seine Brüder:* Der junge Joseph |
| 1936 | *Joseph und seine Brüder: Joseph in Ägypten*. Ausbürgerung. Aberkennung des Bonner Ehrendoktors. Ehrendoktor der Harvard-University. Tschechischer Staatsbürger |
| 1937 | *Ein Briefwechsel* (mit Bonn) |

| | |
|---|---|
| 1938 | Übersiedelung in die USA. Gastprofessur an der Universität Princeton |
| 1939 | *Lotte in Weimar*. Roman |
| 1940–1945 | *Deutsche Hörer*! 55 Radiosendungen über BBC London nach Deutschland |
| 1941 | Bau eines eigenen Hauses in Pacific Palisades, Kalifornien |
| 1943 | *Joseph und seine Brüder: Joseph, der Ernährer*. Beginn der Arbeit an *Doktor Faustus* (1947) |
| 1944 | *Das Gesetz*. Novelle. Amerikanischer Staatsbürger |
| 1947 | *Doktor Faustus. Das Leben des Tonsetzers Adrian Leverkühn, erzählt von einem Freunde.* Erste Europareise nach dem Krieg |
| 1949 | *Die Entstehung des Doktor Faustus. Roman eines Romans*. Erster Besuch in Deutschland. Goethe-Reden in Frankfurt am Main und Weimar sowie in München. Freitod des Sohnes Klaus. Tod des Bruders Viktor |
| 1950 | Tod des Bruders Heinrich |
| 1951 | *Der Erwählte.* Roman |
| 1952 | Rückkehr nach Europa. Wohnsitz in der Schweiz (Erlenbach bei Zürich) |
| 1953 | Die letzte Novelle: *Die Betrogene* |
| 1954 | *Bekenntnisse des Hochstaplers Felix Krull. Der Memoiren erster Teil*. Kauf des Hauses in Kilchberg bei Zürich |
| 1955 | *Versuch über Schiller* (die letzte große Rede in Stuttgart und Weimar). 50. Hochzeitstag. 80. Geburtstag. Letzte Reise nach Lübeck und an die holländische Küste. Tod am 12. August im Kantonsspital Zürich. Beisetzung auf dem Friedhof von Kilchberg |

232 Seiten, Broschur. Thomas-Mann-Schriftenreihe:
Fundstücke, Band 4, 2016

Zu der Zeit, da Thomas Mann die Arbeit am *Zauberberg* nach mehrjähriger Unterbrechung wieder aufgenommen hatte, schrieb Katia Mann ihm zwischen 1920 und 1924 Briefe aus oberbayerischen Sanatorien und aus Davos-Clavadel. Die anschaulichen Situationsberichte des Lebens inmitten von »Lungensträflingen« (Brief 37) lassen erahnen, in welchem Stil ihre *Zauberberg*-Briefe aus Davos von 1912, die im Bombenkrieg verloren gingen, geschrieben worden sein dürften.

»Wenn Katia ihm detailfreudig ihren Sanatoriumsalltag schildert, hofft sie, ihm auch Material zu liefern. Vor allem richtet sie fernwirkend das labile Autorenselbstbewusstsein auf.« (Frankfurter Allgemeine Zeitung)